과학이 톡톡 쏭이다!

# 사이다

Sci-da

**글 |** 국립과천과학관 김선자

충북대학교에서 생명과학을 전공하고, 국립산림과학원 박사 후 연구원을 거쳐 현재는 국립과천과학관 연구사로서 생명과학 분야 관련 전시 및 교육프로그램 기획, 연구를 하고 있습니다. 전시 기획자로서 가장 좋아하는 일은 과학기술의 양면성과 지금 우리 앞에 놓여 있는 사회 문제를 해결할 미래 과학기술을 어린이들에게 알려 주고, 함께 이야기 나누는 것입니다.

**그림 |** 김재희

한국예술종합학교에 다니며 정감 있는 애니메이션을 만들고, 스토리텔링의 재미에 빠져 소소하고 의미 있는 하루하루를 보내고 있습니다. 세상의 즐거운 일, 맛있는 음식, 재밌는 영화는 뭐든지 다 경험하고 싶고, 좋은 애니메이션을 기획하고 행복한 그림을 그리는 사람이 되고 싶습니다. 그린 책으로는 『EBS 중학과학 개념 레시피』『EBS 중학수학 개념 레시피』 등이 있습니다.

**인스타그램** @jehiig

**'사이다' 시리즈는**

과학을 뜻하는 '사이언스(Science)'와 모두를 뜻하는 '다'를 합친 말입니다. '과학의 모든 것', '톡 쏘는 사이다처럼 톡톡 튀는'이라는 뜻을 담고 있죠. 강하게 발음하면 '싸이다'가 되는데, '과학적 지식이 점점 쌓인다.'라는 의미도 있습니다. 이 모든 의미 위에 과학과 독자 '사이'를 잇고자 하는 마음을 듬뿍 담았습니다.

국립과천과학관 어린이 과학 시리즈

과학이 톡톡 쌓이다!

# 사이다 4

Sci-da

## 바이러스

글 국립과천과학관 김선자 그림 김재희

# 펴내는 글

20세기에 가장 중요한 능력은 문해력, 즉 글자를 읽는 능력이었습니다. 읽을 줄 알아야 자신의 이익을 지키면서 교양을 갖춘 문화인으로 살 수 있었기 때문이죠. 21세기인 지금은 과학을 이해하며 즐길 수 있는 문해력이 더해져야 합니다. 과학 문해력은 단순히 현상과 공식을 보는 행위가 아니라 사실을 오해 없이 받아들이고 실제로 이해하는 능력입니다.

많은 사람들이 과학은 어렵다고 말합니다. 정말입니다. 과학은 어렵습니다. 그런데 과학만 어려운 것은 아닙니다. 역사도 어렵고 예술도 어렵고 경제, 철학, 지리, 문학 모두 어렵습니다. 그런데 왜 과학만 유독 어렵다고 느낄까요?

언어가 다르기 때문입니다. 다른 분야는 우리가 평소에 사용하는 자연어로 쓰여 있어 아무리 어려워도 읽을 수 있습니다. 하지만 과학은 수학이라는 비자연어를 사용합니다. 언어가 달라서 유독 어렵게 느껴지는 것이죠.

모든 사람이 과학자가 될 수도 없고 그럴 필요도 없습니다. 하지만 과학 문해력은 21세기의 핵심 능력입니다. 그 능력을 키워 줄 사이언스 커뮤니케이터가 직업인 과학자들이 모여 있는 곳이 있습니다. 바로 과학관입니다. 과학관의 과학자들은 전시와 교육을 통해서 과학 문해력을 높이는 일을 합니다.

이를 위해 국립과천과학관의 과학자들이 새로운 시도를 하였습니다. 어린이들의 과학 문해력을 높이는 글을 써서 공개한 것입니다. 어린이들이 궁금해하고 알아야 할 과학 지식을 재미있는 동화와 이야기 형식으로 풀어냈습니다. 여기에 상상아카데미가 글을 엮고 그림을 더하여 어린이들을 위한 과학 도서 '사이다' 시리즈를 만들었습니다.

'사이다'는 과학을 뜻하는 '사이언스(Science)'와 모두를 뜻하는 '다'를 합친 말로, '과학의 모든 것', '톡 쏘는 사이다처럼 톡톡 튀는'이라는 뜻을 담고 있습니다. '사이다' 시리즈에서 과학의 모든 것을 만나 보세요. 톡톡 튀는 사이다처럼 시원하게 즐기는 동안 과학 지식이 차곡차곡 쌓이고 과학 문해력이 껑충 뛰어오르는 경험을 하게 될 것입니다.

과학은 이제 문화입니다. 과학 문해력이 높아질수록 우리 어린이들이 살아갈 사회도 더 합리적으로 작동하게 될 것입니다. '사이다' 시리즈로 명랑 사회를 구현합시다.

2021. 10.
국립과천과학관장 이정모

# 차례



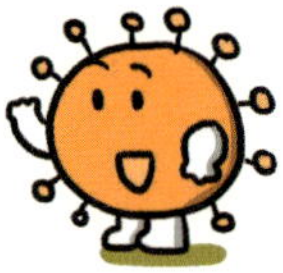

## 1 나로 말할 것 같으면!



## 2 나만의 생존법

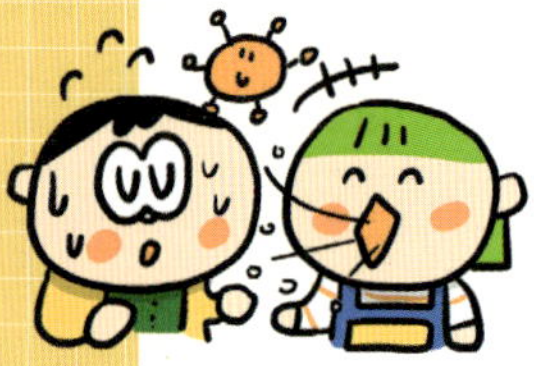



## 3 나는 변신할 수 있어



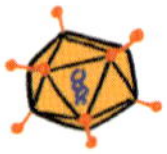

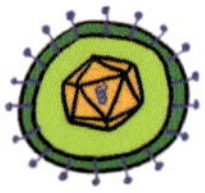

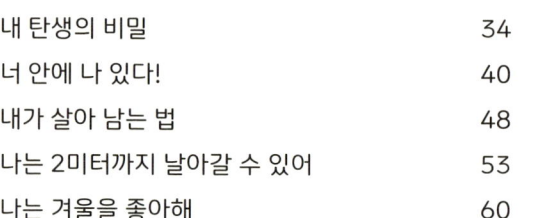

## 4 인간과의 피할 수 없는 전쟁

## 5 나를 최대한 방어해 봐

## 6 우리는 하나로 연결되어 있어

으악!

# 1

# 나로 말할 것 같으면!

안녕, 난 바이러스야
나 여기 있어!
여기 있다고!
무슨 소리가 들렸는데?

얘들아! 안녕?
난 바이러스야.
으악!

네가 세상을 떠들썩하게 한 바로 그 바이러스?

맞아. 얼마 전 코로나 바이러스가 전 세계를 마구 돌아다녀서 우리를 잘 알겠구나!

너는 눈에도 보이지 않을 만큼 작다고 들었는데 어디에서 그런 큰 힘이 생긴 거야?

너의 말대로 난 너희 눈에도 보이지 않을 만큼 작아. 그런 나를 인간들이 어떻게 알게 되었는지부터 알려 줄게.

응. 빨리 빨리, 정말 궁금해!

아주 오래전, 우유가 시큼해지고 빵 반죽이 부풀어 오르고 음식이 부패하는 것을 보며, 왜 이런 일이 생기는 걸까 호기심을 갖는 사람들이 있었어.

나도 궁금했어. 얼마 전에 유통 기간이 지난 빵을 먹으려고 꺼냈는데 빵에 곰팡이가 생겼지 뭐야. 왜 그런 거야?

우리 눈에는 보이지 않지만, 공기 중에 있는 무언가가 빵을 썩게 만든 거야.

공기 중의 무언가가 빵을 썩게 했다고?

응. 이것을 밝혀낸 과학자가 바로 파스퇴르야. 파스퇴르는 물질이 썩는 현상은 공기 중에 있는 무언가가 들어감으로써 일어난다고 생각했어.

그게 뭐야?

두둥실
둥둥-
앗!
빵에 곰팡이가 생겼네? 빵을 썩게 만든 곰팡이가 바로 너야?
곰팡이는 바이러스가 아니고 세균이야. 세균과 나는 모두 미생물이지만, 엄연히 다르다고!

파스퇴르가 발견한 건 미생물이야.

곰팡이가 미생물인 거네?

맞아. 미생물은 눈에 보이지 않는 작은 생물을 뜻해. 세균과 나와 같은 바이러스가 미생물에 속하지. 미생물에는 우리말고도 진균, 고균, 원생생물 따위가 있어.

세균과 바이러스는 같은 게 아니었어?

많은 사람들이 나를 세균과 같은 것으로 착각해. 과학자들도 처음엔 나와 세균을 구분하지 못했어. 둘 다 우리 몸에 해롭고 여러 질병을 일으키는 원인이 되는 공통점이 있거든. 하지만 세균과 바이러스는 크기와 생김새도 다르고, 살아가는 방법도 달라.

세균과 넌 어떻게 달라?

우선 세균은 다른 말로 박테리아라고도 해. 박테리아는 '작은 막대기'라는 뜻이야. 세균은 안톤 판 레이우엔훅이라는 네덜란드 과학자가 현미경으로 처음 관찰했어. 그리고 200년 정도 지나서 독일의 과학자 코흐가 세균이 여러 감염병의 원인이라는 것을 알아냈지.

그럼 넌 언제 발견된 거야?

러시아 과학자 이바노프스키가 담뱃잎 등에 모자이크 모양의 반점이 생기는 병을 연구하다가 나를 발견했어.

병에 걸린 담뱃잎 즙을
세균 여과기에 통과시키면
세균이 걸러지겠지?
거른 즙을 정상
담뱃잎에 발라서
확인해야겠군.
슥스윽
며칠 뒤
이럴 수가, 세균을
걸렀는데 잎이 병들다니!
힝~
세균
하하!
난 통과했지롱!
여과기를 통과한 것이
있었던 거네. 그게 바로 너,
바이러스인 거야?
맞아.
내 정체가 드러난
순간이었지.
짝!
이 실험으로 세균보다 더 작은 병원체가
있다는 사실을 알게 되었어.
세균
바이러스

바이러스라는 이름은 어떻게 갖게 된 거야?

내 이름은 라틴어로 '독'을 뜻하는 '비루스(virus)'에서 나온 말이야. 세균보다 작은 병을 일으키는 생명체라는 의미로 '바이러스'라고 지었어. 네덜란드 과학자 베이에링크가 붙여 준 이름이야.

으악! 독이라니. 이름을 듣고 나니 네가 더 무서워! 넌 세균을 거르는 기계도 통과할 정도로 작은데도 질병을 일으키는 무서운 존재네?

대체 넌 얼마나 작은 거야?

맞아. 난 엄청 작지만 무서운 존재이기도 해. 나는 세균보다 100분의 1에서 1,000분의 1 정도로 작아. 너무 작아서 전자 현미경이 발명되기 전까지는 너희들이 내 실체를 볼 수 없었어. 세균은 마이크로미터 크기의 세계에 사는데, 우리는 보통 나노미터 크기의 세계에서 살고 있거든. 1마이크로미터는 100만 분의 1미터, 1나노미터는 10억 분의 1미터야.

내 키가 130센티미터인데, 100만 분의 1미터, 10억 분의 1미터라니! 도대체 얼마나 작은 거야? 상상이 안 돼!

세균을 코끼리라고 생각하면 나는 개미 정도 크기라고 생각하면 돼. 이제 얼마나 작은지 상상할 수 있겠지?

나는 엄청나게 작아! 나와 같은 바이러스는 보통 20나노미터에서 500나노미터 정도 크기야.
1 나노미터 = 0.000000001미터
헉! 0이 도대체 몇 개야?
세균을 코끼리 크기라고 생각하면 난 개미 정도의 크기야.
찾았다!
우와! 바이러스가 저렇게 작다고?

넌 세균과 모습도 많이 다른 거야?

응. 세균과 난 모습도 완전히 달라. 세균은 세포벽, 세포막, 유전자 정보가 들어 있는 핵을 가진 하나의 세포로 이루어져 있어. 세포를 하나 가지고 있어서 단세포 동물이라고 부르지. 그런데 난 세포로 이루어져 있지 않아.

세포로 이루어져 있지 않으면, 넌 어떻게 생겼어? 크기가 작으니 모습도 단순할 것 같아.

맞아. 가장 단순한 형태의 바이러스는 유전 물질과 유전 물질을 보호하는 단백질 껍질로만 이루어져 있어.

그게 전부야?

응. 정말 단순하지? 그래도 단백질 껍질 모양은 여러 가지야. 가늘고 긴 통 같은 나선 모양의 것도 있고, 여러 도형 모양의 것도 있어. 또 보통 생물은 유전 물질로 DNA와 RNA를 모두 가지고 있는데 우리는 DNA 또는 RNA 가운데 하나만 가지고 있어. 어떤 걸 가지고 있느냐에 따라 DNA 바이러스, RNA 바이러스로도 구분하지.

단순한 것 같으면서도 복잡하네!

단백질 껍질 바깥을 둘러싼 막을 가진 친구도 있어. 이 막을 피막이라고 하는데, 피막에는 뾰족한 돌기가 붙어 있기도 해.

## DNA 바이러스

## RNA 바이러스

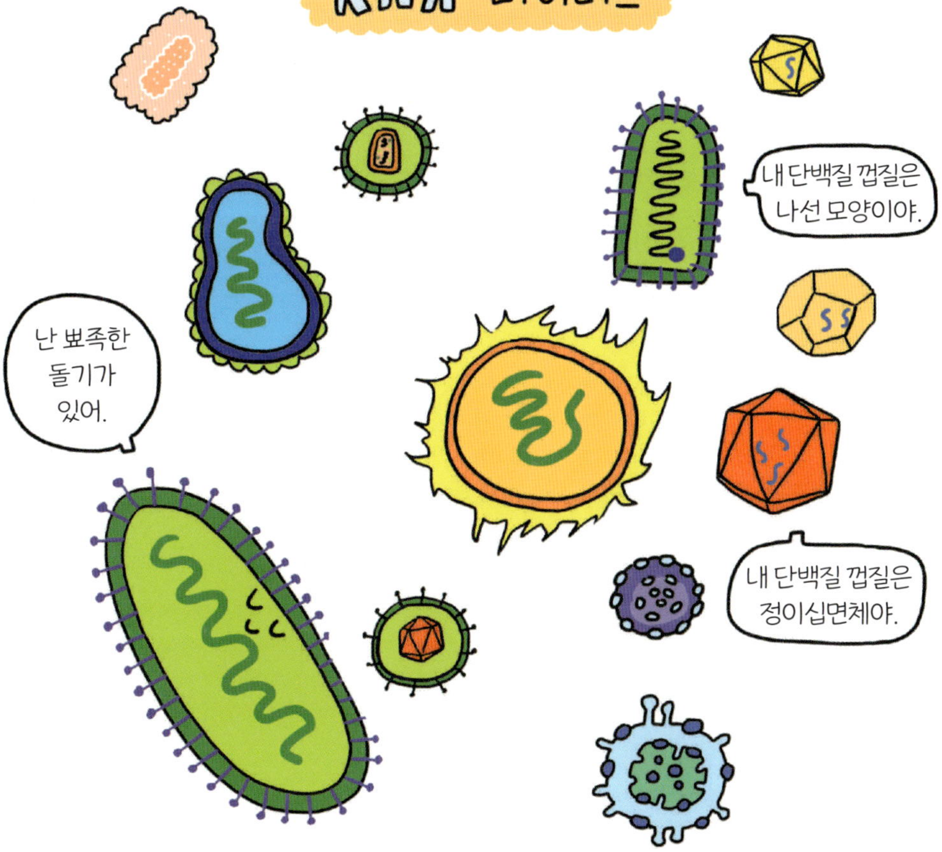

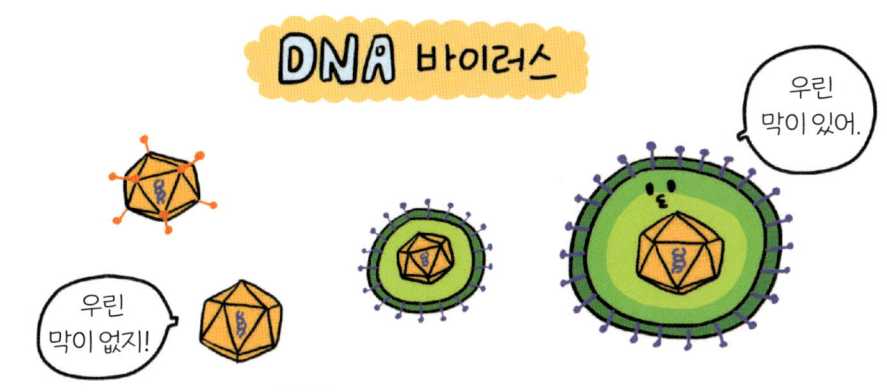

넌 어떻게 전 세계의 많은 사람을 빠르게 감염시키는 거야? 세균은 음식을 그렇게 빨리 많이 썩게 하진 않던데?

세균과 나의 놀라운 차이 덕분이야. 아까 세균과 나의 모습이 다르다고 한 거 기억 나?

세균은 하나의 세포로 이루어졌지만, 넌 세포가 없다는 거?

맞아. 그 차이가 내게 놀라운 능력을 갖게 했어.

그게 빠르게 감염시키는 것과 무슨 관계가 있는 거야?

세균은 세포 하나가 두 개가 되고, 두 개가 네 개가 되는 방식으로 번식을 해.

네 개는 여덟 개가 되고, 여덟 개는 열여섯 개? 음… 그다음은 어렵다. 아무튼, 두 배씩 늘어난다는 거지?

맞아. 그런데 나는 세포가 없어서 세포가 있는 생물에 들어가야만 살 수 있어.

세포가 있는 생물에 들어간다고?

응. 세포 안에 들어가서 살면서 어마어마한 숫자로 증식을 하는 거야! 나와 같은 바이러스들을 세포 밖으로 한꺼번에 수백 개 정도 배출하지.

우와! 네가 세균보다 증식 속도가 빨라서 더 빨리 감염시키는 거구나!

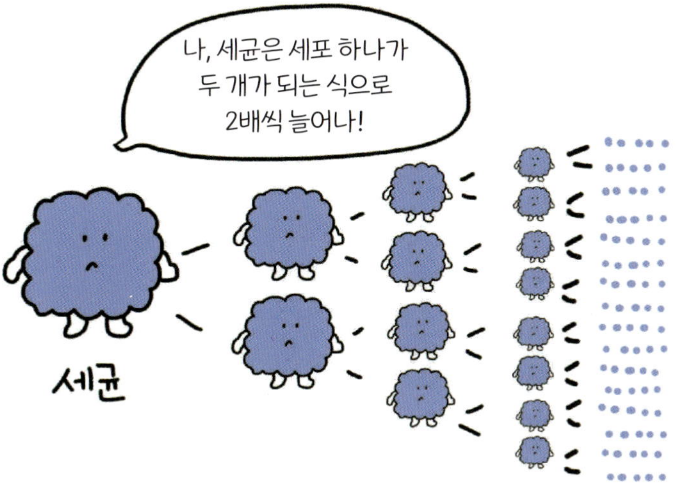
나, 세균은 세포 하나가
두 개가 되는 식으로
2배씩 늘어나!
세균

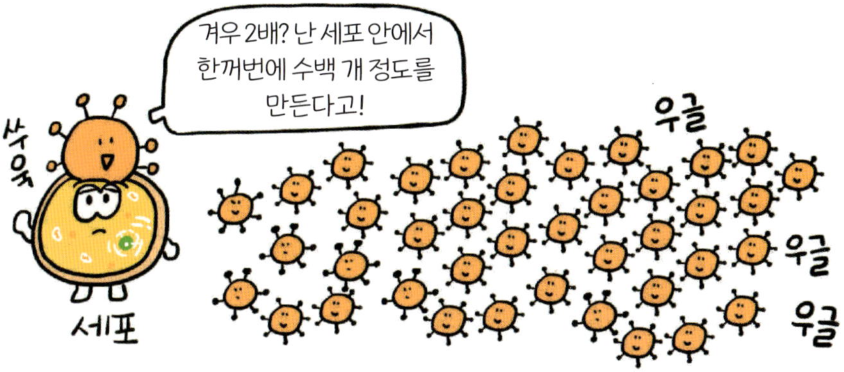
겨우 2배? 난 세포 안에서
한꺼번에 수백 개 정도를
만든다고!
쑤욱
세포
우글
우글
우글

우와아
바이러스,
너 혹시 마술사?

## 바이러스는 살아 있지 않다?

퀴즈 하나 낼게. 세균과 나의 가장 큰 차이가 뭔지 알아?

크기? 세균보다 1,000배 가까이 작은 거? 아니면 증식 능력? 어마어마한 숫자로 늘어나니까…….

그것도 맞긴 한데, 더 큰 차이가 있어. 힌트는 형태! 조금 전에 이야기한 거야!

음, DNA? RNA? 단백질 껍질? … 혹시 세포가 없다는 거?

정답이야! 세균과 나의 가장 큰 차이는 바로 '나는 세포로 이루어져 있지 않다.'라는 거야. 세균을 포함해서 살아 있는 생명체들은 모두 세포를 가지고 있어. 그런데 나는 세포가 없어.

생물의 기본 단위는 세포라고 들었는데……. 넌 증식도 하고 DNA도 있는데 생명체가 아닐 수도 있다는 거야? 너는 대체 정체가 뭐야?

음… 네가 나를 정의해 볼래? 너는 생물이 뭐라고 생각해?

생물은…
음, 살아 움직이는 것?
나도 살아서 움직여.
아까 어마어마한 숫자로
증식도 한다고 했잖아.
음… 그렇지…
세포가 없어도 생명체구나.
그럼 생물의 기본 단위는
세포가 아닐 수도
있다는 거네?
과학자들이 생물을
정의하는 기준으로
보았을 때는 난
생명체가 아니야.
자손을 남기기 위해
복제, 증식하고,
환경에 반응하고,
환경에 적응하기
위해 진화하고,
'생물'을
정의하면
에너지 활동 등의
대사 작용을 하는
것을 생명 활동을
한다고 해!

내가 생각하기엔 넌 생물 같아!

정확히 이야기하면 난 생물도 될 수 있고 무생물도 될 수 있어. 보통 세포 안에는 DNA를 복제하는 장치나 DNA의 유전 정보를 바탕으로 단백질을 만들어 내는 장치, 다양한 생체 재료 물질 등이 가득 차 있어. 그런데 나는 세포가 없으니 당연히 이런 장치들도 없지. 그래서 나는 혼자서는 살아갈 수 없어. 이런 면에서는 무생물이라고 말할 수 있어.

혼자서는 살아갈 수 없다니. 그럼 너는 어떻게 해야 생물로 살 수 있는 거야?

나는 살아 있는 다른 생명체의 세포 속으로 들어가야 비로소 생물로 살아갈 수 있어.

생물
무생물
생물도, 무생물도 아니라면서 생물과 무생물 사이를 왔다갔다한다고?

혁! 네가 사람 몸에 들어와서 우릴 감염시키는 것도 네가 생물로 살아가기 위한 거야?

그렇다고 볼 수 있지. 만일 내가 돼지 몸에 들어가면, 돼지 몸속 세포의 여러 장치를 이용해서 유전 정보를 복제하고, 급속하게 증식하는 생명 활동을 할 수 있어.

다른 생물의 몸에 침입해서 마구 쓰는 거네?

맞아. 바로 다른 생물의 세포를 내 집처럼 빌려서 살아가는 거야. 여기서 내 집이 되는 다른 세포를 숙주라고 해. 다른 생물의 영양과 장치들을 빼앗아 살기 때문에 기생한다고도 하지.

알겠다. 너는 살아 있는 생명체의 세포 속으로 들어오면 무생물에서 생물로 변신하는구나?

맞아. 나는 생명체 밖에서는 무생물일 뿐이야. 생명체 안으로 들어가서 그 세포에 기생하게 되어야 비로소 생물로 살아갈 수 있는 거지.

혼자서는 살 수 없고, 다른 생명체에 기생해야만 살 수 있는 존재라니. 너도 참 인생이 고달프겠다.

나의 마음을 알아 주니 고마워. 난 때로는 숙주를 공격하거나 지배하기도 하지만, 있는 듯 없는 듯 숨어 지내야 할 때도 많아.

방금 한 말 취소! 너는 네 맘대로 남의 집에 들어가면서 집주인을 공격하거나 지배하기도 하는 거잖아. 내가 그건 참을 수 없지!

아… 그게… 내가 그러고 싶어서 그러는 건 아니야. 난 세포가 없으니 내가 생물로 살아가려면 그 방법밖에는 없단 말이야.

# 내 친구들을 소개할게

무슨 일 있어? 기분이 안 좋아 보여!
너 때문이야.
갑자기 나 때문이라니?
할머니 댁 닭 농장의 닭들이 모두 병에 걸렸대. 이게 다 너 때문이라고!
조류 인플루엔자 바이러스에 걸린 거야?
응. 바이러스 때문에 닭들이 병들었다고 했어.
내가 닭에게 먹이도 주고 얼마나 정성껏 돌봤는데….
조류인플루엔자는 닭이나 오리, 철새 같은 조류에서 발생하는 급성 바이러스 감염병이야.
조류인플루엔자는 사람에게도 전염될 수 있으니 조심해야 해.
흑흑! 몰라. 내 닭들을 살려내.

얼마 전 돼지들이 구제역 바이러스에 걸렸다는 뉴스를 봤는데, 구제역 바이러스도 네 친구야?

응. 구제역 바이러스는 동물 바이러스의 하나야. 아주 작고 단순하게 생겼어. 소나 돼지처럼 발굽이 둘로 갈라진 동물의 세포에만 들어가서 살아.

설마 식물 바이러스도 있는 거야?

혹시 이바노프스키가 담뱃잎에서 발견한 바이러스가 식물 바이러스?

맞아. 식물이 바이러스에 걸리면, 식물 잎에 반점이 생기거나 잎이 말라. 또 모양이 바뀌는 것 같은 증상이 나타나! 물론 증상이 심하면 식물이 죽기도 하지. 식물 바이러스는 식물의 잎이나 줄기에 난 상처를 통해 들어가거나 곤충을 이용해서 식물을 감염시켜.

오! 조류 바이러스, 구제역 바이러스, 식물 바이러스까지 바이러스가 다양하네. 신기해.

또 어떤 바이러스가 있어?

지구상에는 셀 수 없을 만큼 많은 종류의 바이러스가 있어. 숙주의 종류에 따라 구분하기도 하는데, 식물에만 감염되는 식물 바이러스, 동물에게만 감염되는 동물 바이러스, 또 세균에 침투해서 사는 세균 바이러스가 있어.

바이러스가 세균에도 들어가서 산다니 놀라워.

응. 거의 모든 세균에서 한 가지 종 이상의 세균 바이러스가 발견되었어. 그런데 우리에게 이로운 세균이 있는 것처럼 세균 바이러스는 이로운 바이러스에 속해.

이로운 바이러스라니 그게 무슨 말이야? 그리고 세균도 이로운 세균이 있다는 거야?

우선 이로운 세균에 대해 알려 줄게. 이로운 세균은 너희가 자주 먹고 있는 음식에도 많이 들어 있어.

뭐라고? 우리가 세균을 먹고 있다고?

너희가 늘 먹는 요구르트나 치즈에 들어 있는 유산균도 세균이야. 장을 튼튼하게 해 주는 이로운 세균이지. 또 빵이나 맥주를 만들 때 이용하는 효모도 유용한 세균이야.

유산균이 세균이었다니!

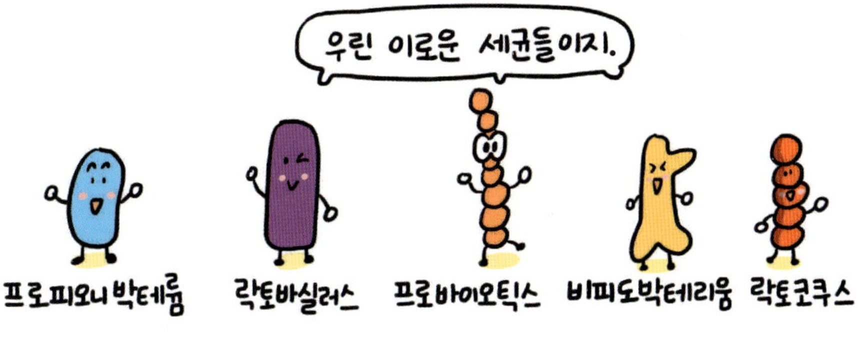

이로운 바이러스는 뭐야?

해양 바이러스 대부분이 세균을 잡아먹는 박테리오파지야. 박테리오는 '세균'이라는 뜻이고, 파지는 '먹는다'라는 뜻이야. 나쁜 세균을 잡아먹어서 좋은 바이러스라고 알려져 있어.

박테리오파지는 꼭 달 착륙선 같이 생겼네! 바이러스는 다 나쁘다고 생각했는데, 좋은 바이러스가 있다니 반전이야. 그래도 바이러스가 없는 게 더 좋은 게 아닐까?

세균은 대부분 바다에 살고 있는데, 100억 종이나 돼. 게다가 세균은 20분마다 2배씩 늘어날 정도로 증식 속도가 빨라. 아마도 세균을 잡아먹는 나와 같은 바이러스가 없다면, 바다는 얼마 지나지 않아 어마어마한 세균으로 가득 찰 거야.

네가 꼭 필요한 곳도 있다니 놀라워.

나는 완전한 생명체는 아니지만 내가 처한 환경에 맞게 삶의 방향을 바꾸며 적응할 줄 알아. 또 어려움을 극복하려는 강한 의지 만큼은 인간에게도 뒤지지 않는다고 생각해.

나도 환경에 따라 생물도 되었다가 무생물도 되었다가 변신하는 능력이 있으면 좋겠어. 슈퍼 인간 말이야!

박테리오파지
힘내!
난 바다의 수호신! 세균을 모조리 잡아먹을 테다!
바이러스에 세균이 잡아먹히면서 세균이 가진 영양분이 바다로 내보내져 바다 생태계를 지킬 수 있는 거야.
애들아, 박테리오파지가 나타났어! 잡아먹히기 전에 빨리 피해야 해!
우글

# 2

# 나만의 생존법

# 내 탄생의 비밀

이중 인격자!
뭐? 내가 왜 이중 인격자야?
네가 처음 태어났을 때 모습은 뭐야? 생물? 무생물? 네게도 처음 모습은 있었을 거 아냐?
네 정체를 밝혀라!
내 탄생의 비밀? 나도 정말 알고 싶다고!
헉!
너도 네 탄생에 대해 모르는 거야?

흠, 나는 다른 생명체의 세포를 숙주로 삼을 때만 생물이 되니까 원래 내 정체는 무생물이라고 해야 하나? '바이러스가 먼저냐, 세포가 먼저냐?'라는 질문과 비슷하네?

과학자들은 너의 탄생에 대해 알고 있겠지?

사실 과학자들도 내가 언제 생겨났는지 증명하지 못하고 있어. 그저 짐작만 할 뿐이야.

어떻게 과학자들도 모를 수 있어?

내 탄생의 비밀에는 내가 세포를 가진 생물보다 먼저 탄생했을 거라는 설과 세포를 가진 생물보다 나중에 탄생했을 거라는 설이 있어. 내가 세포를 가진 생물보다 먼저 탄생했을 거라고 주장하는 과학자들의 이야기를 먼저 들려줄게.

지구상에 생명이 생겨난 것은 약 38억 년 전이야. 그때 지구 생명의 처음 조상이 태어났어.

너와 우리의 조상이 같다는 거야?

과학자들은 지구에 사는 모든 생물이 공통의 조상에서 탄생하고 환경에 따라 진화해 왔다고 보고 있어.

우리 인간은 멋지게 진화한 거네? 하하!

오늘날 과학자들은 이렇게 환경에 따라 진화한 지구에 사는 생물을 크게 다섯 가지로 분류하고 있어. 그런데 다섯 그룹 모두를 숙주 삼아 살아가는 바이러스가 있다는 것이 밝혀졌어. 게다가 각 그룹의 생물에 있는 바이러스들의 구조도 비슷했지. 생물이 다섯 그룹으로 갈라진 때가 약 30억 년 전이니, 30억 년 전보다 더 이전에 내가 존재했을 거라고 보고 있어.

그럼 네가 세포를 가진 생물보다 먼저 태어난 거야?

그럴 수도 있고, 아닐 수도 있어.

뭐가 이렇게 복잡해. 좀 간단하게 말해 주면 안 돼?

나의 역사적인 탄생 이야기를 하려면 그 정도는 알아야 하지 않겠어? 게다가 인간이 나타난 건 고작 300만 년 전이니 내가 너보다 한참 위의 조상이라고. 에헴!

30억 년 전이라니! 아, 옛날 사람! 앗, 넌 사람은 아니지.

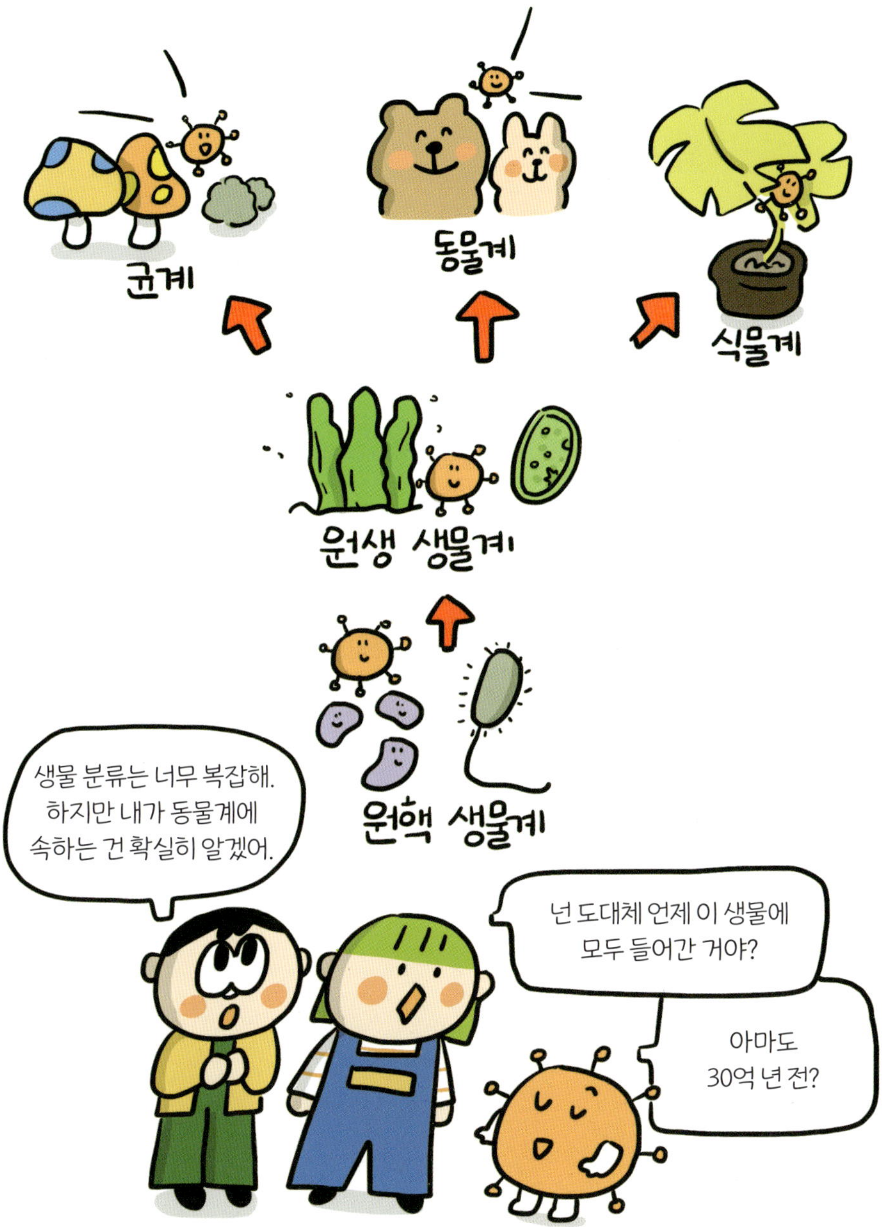
균계
동물계
식물계
원생 생물계
원핵 생물계
생물 분류는 너무 복잡해. 하지만 내가 동물계에 속하는 건 확실히 알겠어.
넌 도대체 언제 이 생물에 모두 들어간 거야?
아마도 30억 년 전?

DNA가 유전 물질인 건 알고 있지?

당연하지. 네가 DNA와 RNA 중 하나만 가지고 있다는 것도 알고 있다고!

하하. 알려 준 보람이 있군. DNA는 부모님 몸의 정보를 너에게 전달하는 역할을 해. RNA는 DNA 유전 정보를 전달하는 중간 역할을 하고. 그런데 RNA만을 이용해 스스로 증식하는 원시 생명이 있다고 보는 과학자들이 있어. 바이러스도 RNA를 이용한 원시 생명이라고 보는 거지. 그래서 내가 세포보다 먼저 태어났다고 주장하는 거야.

그러면 과학자들이 네가 세포보다 나중에 태어났다고 주장하는 이유는 뭐야?

모든 생명체의 기본 단위가 세포라고 한 거 기억하지?

응. 동물도, 식물도, 모두 세포로 이루어져 있잖아.

세포 없이는 생명체가 될 수 없으니까 세포보다 내가 나중에 태어났다고 주장하는 거야. 세포의 유전 물질 일부가 세포를 탈출해서 바이러스로 변했다고 보는 거지. 세포 속에 살던 세균 정도의 생명체가 점점 작아지거나 기능을 잃어서 바이러스가 되었다고 보기도 해.

넌 아직까지도 수수께끼 같은 존재구나. 과학자들도 너의 탄생의 비밀을 못 풀었다니 참!

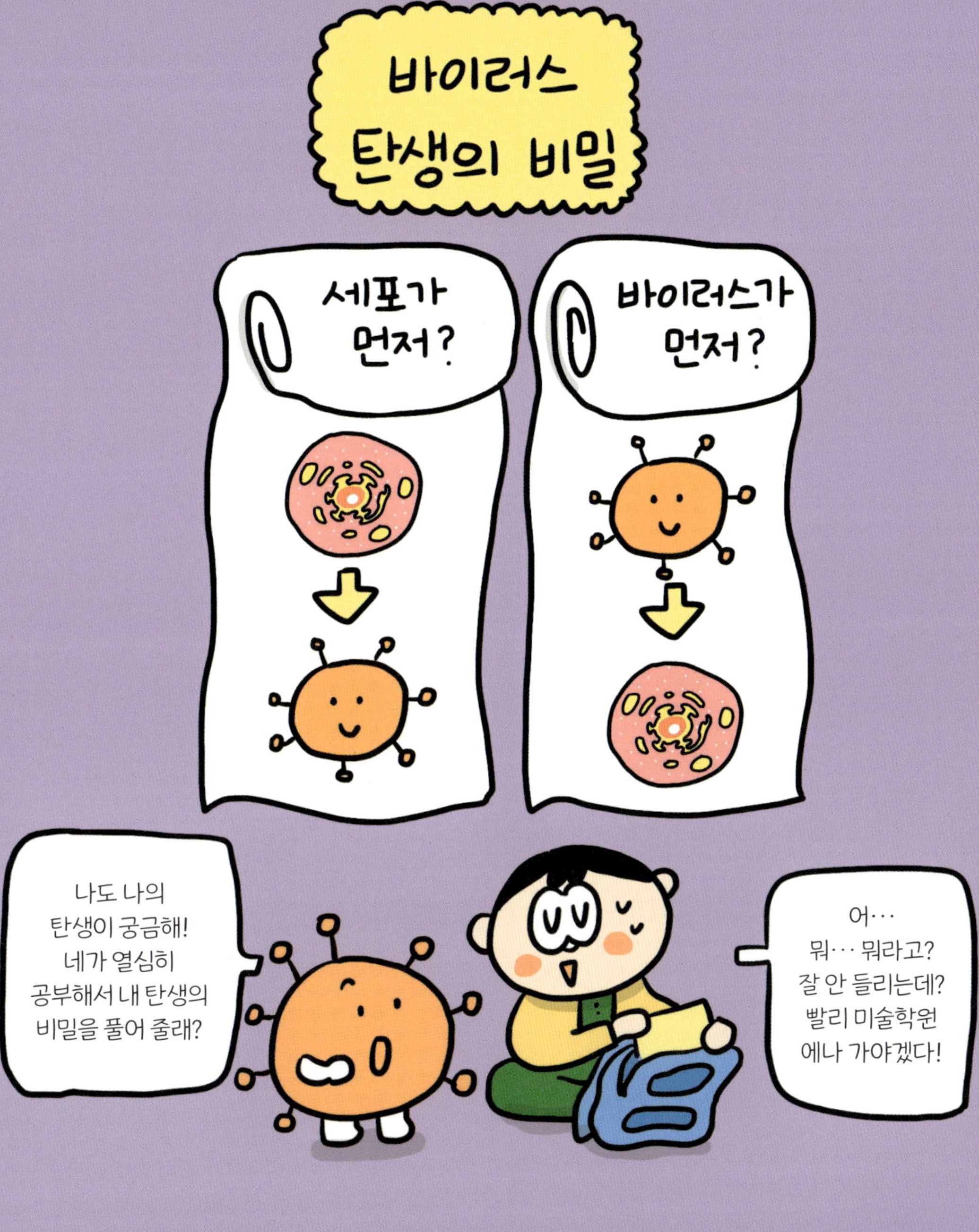
바이러스 탄생의 비밀
세포가 먼저?
바이러스가 먼저?
나도 나의 탄생이 궁금해! 네가 열심히 공부해서 내 탄생의 비밀을 풀어 줄래?
어… 뭐… 뭐라고? 잘 안 들리는데? 빨리 미술학원에나 가야겠다!

## 너 안에 나 있다!

지구에 내 친구들이 얼마나 많이 살고 있는지 알아?

하하! 당연히 모르지. 그런데 우리 엄마가 공기 중에 바이러스가 너무 많아서 마스크를 쓰지 않으면 바이러스에 감염된다고 했어. 그러니까 엄청 많겠지?

지구상에 살아 있는 동물 모두에 내가 있다고 생각하면 돼.

헉! 그렇게나 많이?

지구상에 있는 척추 동물을 예로 들어 말해 줄게. 척추 동물은 등뼈가 있는 동물을 말해. 지구상에는 약 5만 종의 척추 동물이 있어. 도마뱀과 같은 파충류부터 인간, 사자와 같은 포유류까지 다양해. 5만 종이나 되는 척추 동물은 자신만의 바이러스를 20가지 정도씩 가지고 있어.

5만 종에 20을 곱하면, 100만?

지구 전체가 바이러스로 덮여 있다고 해도 되겠네?

응. 우리는 오랫동안 지구 환경에 적응하면서 너희와 함께 살아왔어. 지금 이 순간에도 네 안에 내가 있다고 말할 수 있지.

지구에 사는 모든 생물에 있는 바이러스를 모두 합치면
100만 가지가 훨씬 넘어. 그런데 인간이 지금까지 확인
한 바이러스는 겨우 2만 가지밖에 되지 않아.
바이러스 전체의 99.8 %는 아직도 모르는거지.
난 여전히 신비한 존재라고.
인간이 확인한 바이러스가 겨우 0.2 %밖에 안 된다고?
신비한 존재가 아니라 무서운 존재겠지!

내 안에 네가 있다고? 무서워! 빨리 집에 가서 비누로 깨끗이 샤워를 해야겠어.

걱정하지 않아도 돼. 내가 너희와 얼마나 친밀한지 알려 주고 싶을 뿐이야. 우선 너희의 혈액에서도 나의 존재가 확인되었어. 혈액 속에 있는 너희 DNA의 45 %가 바이러스와 비슷하다고 밝혀졌거든.

바이러스와 내 DNA가 45 %나 같다는 거야?

맞아. 게다가 그중의 8 %는 최근에 바이러스가 직접 들어와서 너희 몸에 남게 되었다고 해.

으악! 지금 우리 안전한 거 맞아?

인간 몸에 남은 바이러스는 너희에게 꼭 필요한 거야. 바이러스가 인간의 유전 정보에 들어가서 유전 정보의 일부가 되었다고 할 수 있지.

놀라운 사실 하나 더 알려 줄까? 너희를 이 세상에 있게 한 데도 내 역할이 커.

뭐? 나는 우리 엄마, 아빠 덕분에 세상에 태어났는데!

그건 당연하지. 그런데 네가 엄마 자궁 속에 있을 때 너와 엄마를 이어주는 역할을 했던 태반이라는 게 있어. 그 태반을 만들어 준 게 바로 나야.

우와! 믿을 수 없어.

태반이 만들어지려면 엄마 세포와 아기 세포가 하나가 되어야 해. 이 역할을 하는 유전자가 바로 바이러스의 피막을 만드는 유전자야.

들으면 들을수록 신기해. 내가 너와 이어져 있는 거네!

맞아. 인간이 지구상에 태어난 그때부터 인간은 우리와 이어져 있었다고. 하하!

그래도 난 바이러스가 무섭고 싫어.

너희들이 나를 무서워하는 것과 관계없이 우리가 이어져 있는 게 또 있어. 호모 사피엔스라는 말 들어 봤어?

생각하는 인간이라는 뜻이잖아. 엄마는 종종 내가 생각이 없다면서 호모 사피엔스가 아니라고 하거든. 정말 너무해! 내가 얼마나 생각이 많은데.

하하! 네가 생각이 많긴 하지. 놀 생각만 해서 그렇지.

나는 지금 한창 뛰어놀 때라고! 그래야 키도 크고 몸도 튼튼해진다고 했어.

잘 놀고, 하고 싶은 일도 열심히 하면 엄마가 호모 사피엔스임을 인정해 주지 않을까? 게다가 이제 나를 만나서 바이러스에 대해서는 박사가 될 테니까 훌륭한 호모 사피엔스라고 할 수 있지.

참, 호모 사피엔스라는 말을 왜 꺼낸 거야?

인간과 동물의 가장 큰 차이는 인간은 합리적이고 이성적인 판단을 할 수 있다는 거야. 그 판단을 뇌가 하는데, 우리가 너희의 뇌에도 영향을 주고 있어.

바이러스가 인간의 뇌에 영향을 준다고? 그게 말이 돼?

너희 뇌의 신경 세포 사이에 바이러스들이 돌아다닌다고 생각하면 돼.

으악, 바이러스가 내 머릿속을 돌아다니고 있다고?

바로 너희 뇌에 있는 아크 단백질이 뇌의 신경 세포 사이를 오가며 신호 물질을 운반하고 전파하는 역할을 해. 뇌의 기억과 인지 기능을 높이고 뇌 건강을 지키는 중요한 역할을 하는 거지. 아크 단백질은 모양과 행동뿐 아니라 유전 물질도 바이러스와 비슷해.

얼마나 닮은 거야?

아크 단백질도 바이러스와 마찬가지로 단백질 껍질 구조를 이루고 그 안에 유전 물질을 담고 있어. 그리고 다른 신경 세포들로 전파되는 모양과 행동도 바이러스와 꼭 닮았어.

바이러스와 닮았다고? 그럼 진짜 바이러스는 아닌 거네?

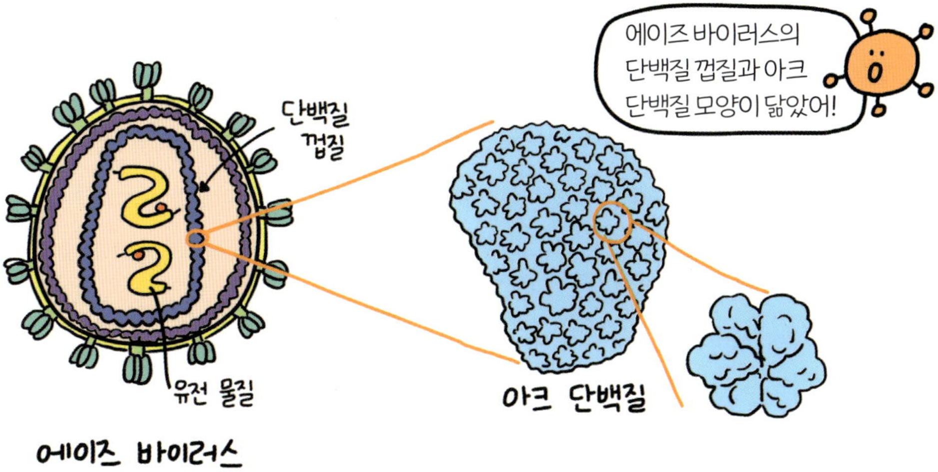

# 바이러스 아닌, 바이러스 같은 아크 유전자

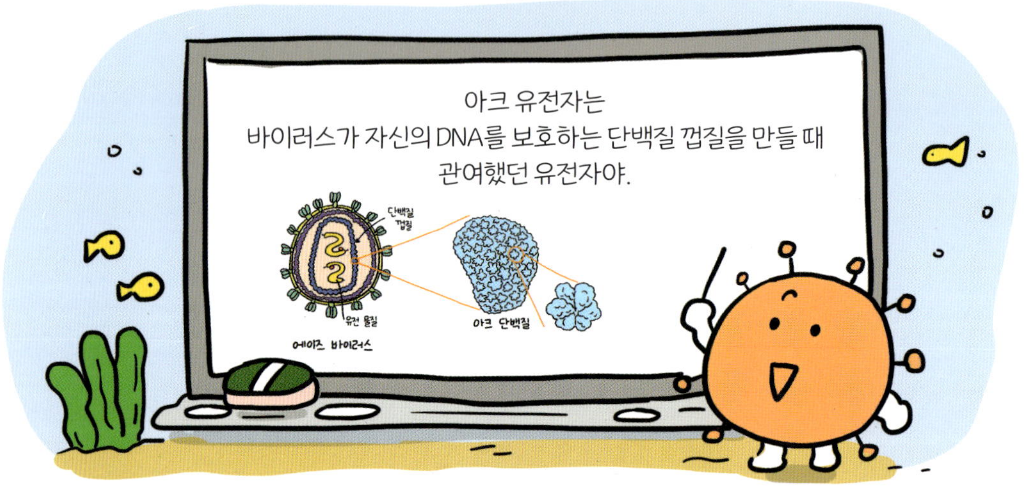

아크 단백질은 인간의 진화 과정에서 인체에 침투해서 자리를 잡은 바이러스의 일부 흔적일 뿐이야.

진짜 바이러스도 아닌데 괜히 겁을 먹었잖아!

하하, 놀라게 해서 미안해. 아주 오래전에 생물의 유전자에 침입해서 자리를 차지한 바이러스 계열의 일부 유전자와 거의 일치하는 것으로 밝혀졌어. 바이러스는 아니지만, 바이러스 같은 거지.

바이러스가 아닌, 바이러스 같은! 역시 너는 무섭고 신비한 존재야!

나는 지금 머릿속이 너무 복잡해. 어마어마하게 무서운 바이러스와 닮은 유전 물질이 지금 내 몸에 있고, 내 뇌에도 영향을 주고 있는 거잖아.

나도 바이러스가 더 무서워졌어. 혹시 또 변신해서 우리를 괴롭히려는 거 아니야?

내 이야기를 도대체 어떻게 이해한 거야? 난 지금까지 우리가 같이 살아왔고, 앞으로도 계속 같이 살아가야 한다는 걸 이야기한 건데…….

네가 말한 건 인정하지만, 그래도 바이러스가 무서운 걸 어떡해!

## 내가 살아 남는 법

넌 오늘은 어떤 동물에 들어가서 살 거야?

음… 내가 다른 생명체에 기생해야만 살 수 있는 건 맞는 말이야. 하지만 어디에나 들어갈 수 있는 건 아니야.

살아 있는 세포면 다 들어갈 수 있는 거 아니었어?

바이러스마다 숙주 세포가 정해져 있어.

그게 무슨 말이야?

내가 생명체에 들어가려면 내 표면의 구조 일부와 숙주 세포 표면의 구조 일부가 맞아야만 하거든.

열쇠와 자물쇠가 서로 맞물려야 문이 열리듯이, 바이러스와 세포의 구조가 서로 맞아야 내가 세포 속으로 들어갈 수 있어.

드디어 너의 새로운 집을 찾은 순간이네!

응. 인간의 입장에서는 나에게 감염되는 순간이지.

뭐라고? 너 지금 바이러스가 인간을 감염시키는 걸 우리에게 설명하고 있었던 거야? 이제 나 모른 척해 줘!

그만큼 나는 기생하기도 쉽지 않고, 숙주 세포 입장에서도 내가 침투하는 것을 쉽게 허락하지 않는다는 걸 알려 주고 싶었을 뿐이야.

넌 인간의 몸속에서는 어떻게 지내는 거야?

바이러스가 인간의 몸에 들어가면 인간 몸의 세포가 늘어나는 시스템을 이용하며 지내.

어떤 시스템?

인간 몸속에 있는 세포는 DNA를 복제하는 장치, DNA의 유전 정보로 단백질을 만들어 내는 장치, 그리고 다양한 생체 재료 물질 등으로 가득 차 있어.

내 몸속 세포에 그런 장치들이 있다고?

응. 우리는 각 세포 안으로 들어가서 세포가 스스로 복제하고 분열하는 장치를 빌려서 증식해.

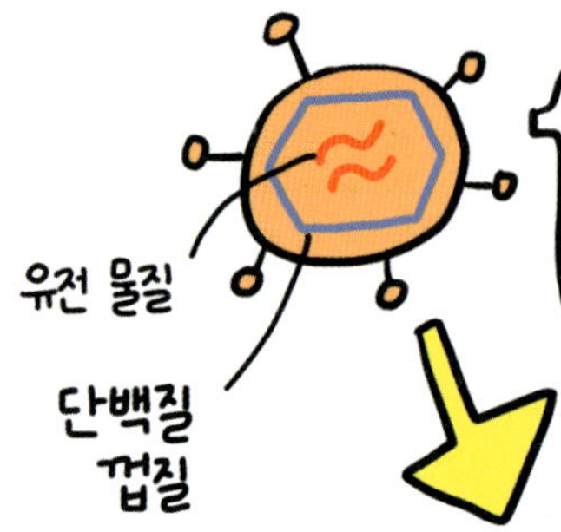


세포 안으로 들어가기 전에
나는 바이러스를 감싸고 있는 단백질 껍질,
피막 같은 건 다 버려. 유전 물질만 가지고
세포 안으로 들어가지.

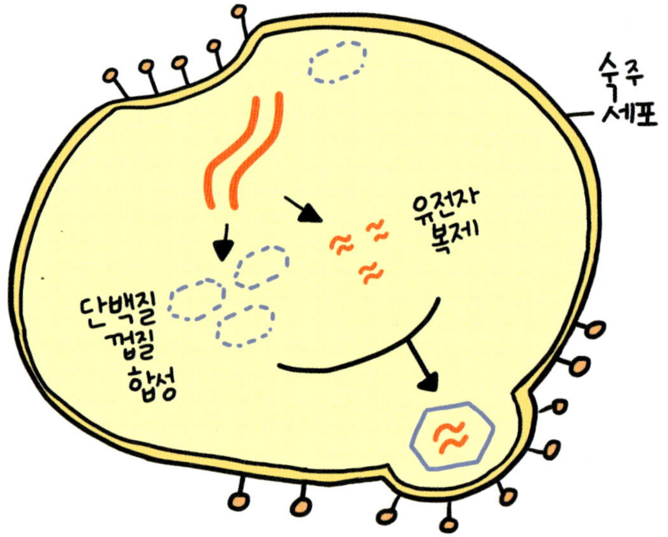


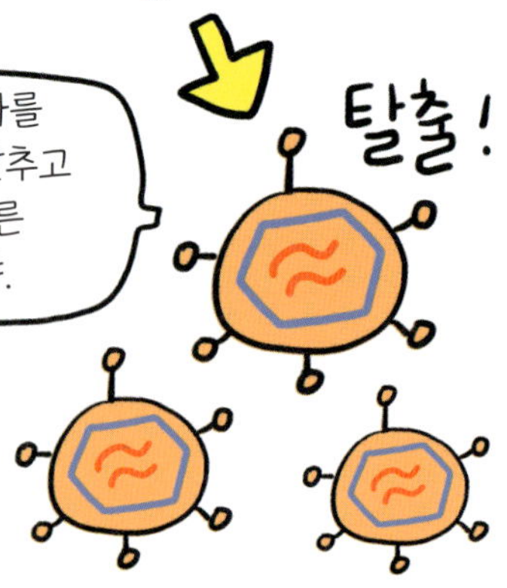


바이러스는 세포에 침투하여 유전자를
복제한 뒤 다시 단백질 껍질 구조를 갖추고
세포 바깥으로 나와. 그런 다음 다른
세포로 퍼지면서 감염시키는 거야.

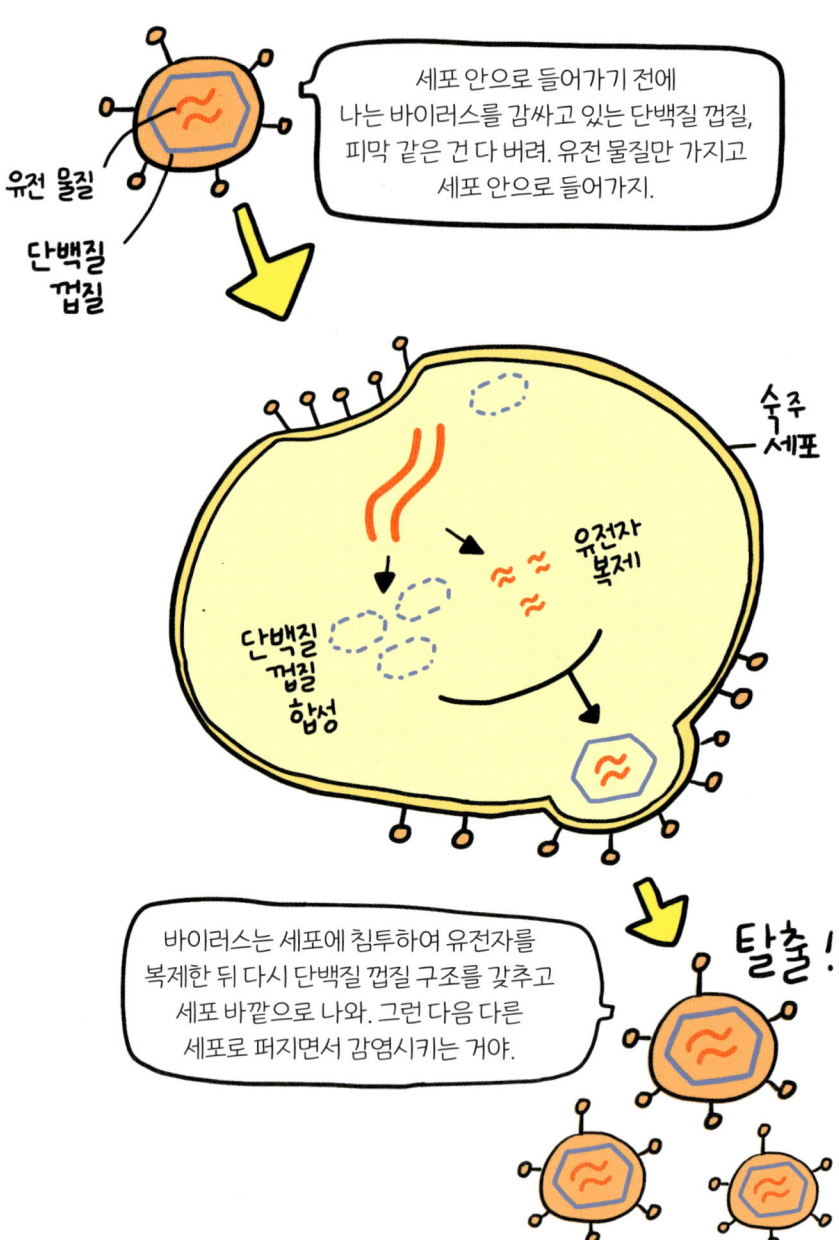

세포 안에 들어갈 때 단백질 껍질과 피막을 다 버리면 유전 물질만 가지고 복제하고 증식하는 거야?

응. 세포 안으로 들어간 바이러스 유전자는 두 개의 그룹을 만들어. 한 그룹에서는 유전자만 만들고, 다른 그룹에서는 단백질 껍질만 만들지.

바이러스를 이루는 기본 요소인 유전자와 단백질 껍질을 만드는구나?

응. 유전자와 단백질 껍질이 충분히 만들어지면, 유전자와 단백질 껍질을 하나씩 합치기 시작해.

생각보다 쉽고 간단하네?

하지만 유전자와 단백질 껍질이 성공적으로 합쳐지는 확률은 1,000분의 1 정도밖에 되지 않아.

그러고 나서는 어떻게 되는 거야?

성공적으로 합쳐진 새 바이러스만 세포를 탈출할 수 있어. 세포를 탈출할 때 세포를 감싸는 막을 뜯어 자신을 보호하지. 바이러스가 세포막을 뜯으면서 세포 밖으로 나오는 걸 출아 또는 발아라고 해.

내 눈에도 보이지 않는 작은 세상에서 엄청난 일이 벌어지고 있는 거네?

맞아. 바이러스 세계도 엄청 치열하고 복잡해.

세포를 탈출하면 어디로 가는 거야?
이 이야기하면 네가 나를 더 싫어하게 될 텐데!
뭐라고 하지 않을 테니 빨리 이야기해 줘!
화내지 않기!
출아된 바이러스는 세포 밖으로 나와서 새롭게 감염시킬 곳을 찾아 튀어 나가.
뭐, 뭐라고?
아! 진정해야지! 그다음은?
바로 옆에 있는 세포에도 가고, 다른 인간의 몸속에도 들어가고…….
너, 내가 가만두지 않겠어.
네가 화내지 않겠다고 약속했잖아. 이게 내가 살아남는 방법이라고!

## 나는 2미터까지 날아갈 수 있어

나 이제 마음을 굳게 먹었어. 너와 더 친해지기로 말이야. 너를 제대로 알아야 바이러스 감염에 대비할 수 있으니까.

나도 내 영역에서 인간을 괴롭히지 않고 살고 싶어.

너는 어떤 방법으로 인간을 감염시키는 거야? 발이 달린 거야, 날개가 달린 거야?

내가 인간을 감염시키는 방법에는 여러 가지가 있어. 너희도 한번쯤 들어봤을 거야. 비말 감염, 공기 감염, 접촉 감염, 매개물 감염 등의 방법을 쓰지.

비말 감염과 공기 감염은 같은 거 아니야?

비말 감염과 공기 감염은 호흡기를 통해 전파돼. 사람들이 기침이나 재채기, 말을 할 때 5~10마이크로미터 정도 크기의 작은 물방울이 나오는데, 이것을 비말이라고 불러. 이때 바이러스가 함께 튀어나오는 거야. 그리고 5마이크로미터보다 작으면 비말핵, 에어로졸이라고 불러.

아! 비말이 돌아다닐 수 있으니까 마스크를 쓰라고 하는 거구나!

보통 기침 한 번에 약 3,000개의 비말이 튀어나와. 그리고 약 2미터까지 퍼져 나가지. 비말이 한 인간의 몸에서 다른 인간의 몸으로 들어갈 때 바이러스가 같이 들어가는 거야.

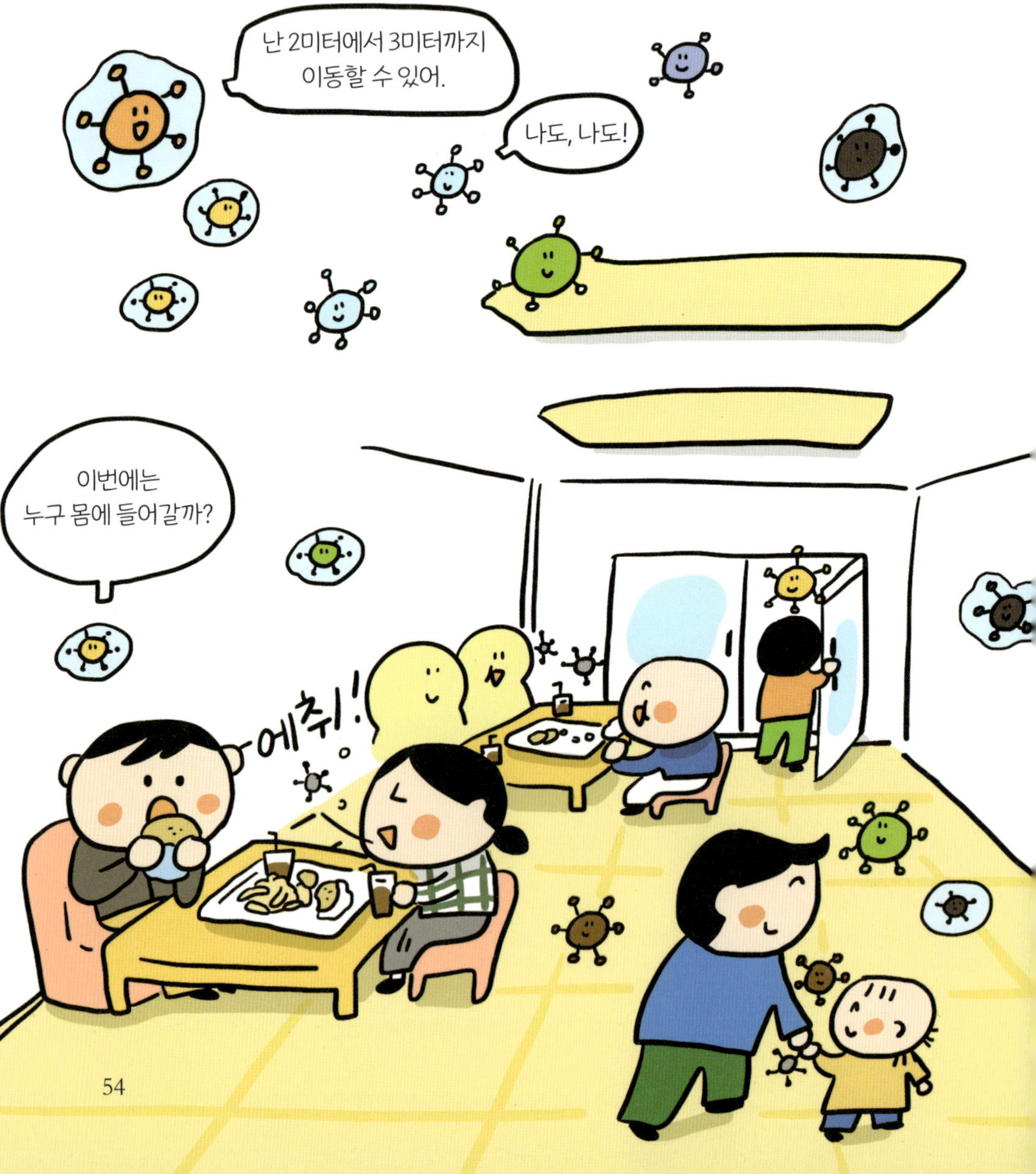

# 내가 어떻게 감염시키는지 궁금하지?

바이러스가 에어로졸 형태로 떠다니면서 전파되는 것을 공기 감염이라고 해. 에어로졸은 비말보다 가벼워서 비말 감염보다 훨씬 멀리 전파돼. 그리고 공기 중에 오래 떠다녀서 감염 확률이 더욱 커.

눈에 보이지도 않는 바이러스를 조심해야 한다니!

비말이 묻은 손잡이, 휴대전화, 엘리베이터 버튼 등을 만지다가 감염될 수도 있어. 물건을 만진 손으로 얼굴을 만지다가 호흡기를 통해 들어가기도 하지.

나는 세수할 때 빼고는 거의 얼굴을 안 만지는데!

과연 그럴까? 너도 모르는 사이에 수백 번 이상 네 얼굴을 만지고 있을걸? 요즘 같은 바이러스 시대에는 손과 얼굴이 멀수록 건강하다고 해.

인간이 바이러스에 감염되자마자 내가 바로 재채기나 기침으로 튀어나오는 건 아니야. 나는 숙주 세포에서 다른 생물을 감염시킬 수 있을 만큼 증식되었을 때에야 비로소 밖으로 탈출해.

감염시킬 수 있을 만큼이라는 게 어느 정도야?

바이러스마다 달라. 2003년 사스를 일으킨 바이러스는 몸 안에서 증식해서 배출량이 최대가 되는데 7일 이상, 2015년 메르스를 일으킨 바이러스는 12일 정도가 걸려. 배출량이 최대가 될 때가 바로 감염 증상이 나타나는 시기이기도 해.

배출량이 최대가 될 때까지 우리 몸에 숨어 있는 거야?

응. 내가 너희 몸 안에 숨어 있어서 인간에게 감염 증상이 나타나지 않는 기간을 잠복기라고 해.

코로나19 바이러스 잠복기는 얼마야?

사람마다 다르지만 2일에서 14일 정도로 알려져 있고, 평균 5일에서 7일이야.

자가격리 기간을 2주로 하는 이유도 바로 잠복기 때문이지.

잠복기에는 바이러스에 걸린 것을 알 수 없는 거야?

맞아. 그래서 바이러스가 위험한 거야. 감염 증상이 나타나기 전까지는 평상시와 같이 행동하지만, 증상이 없을 뿐이지 감염된 상태니까. 이것을 무증상 감염이라고 해.

무증상 감염이 무서운 거구나. 내가 바이러스에 감염된 것을 알 수 없는 상태에서 돌아다니니 누구한테 옮길 수도 있는 거잖아. 예방도 어렵고!

맞아. 이것이 코로나19가 팬데믹까지 가게 된 중요한 특징이기도 해. 코로나19는 무증상 감염을 통해 엄청나게 세력을 확장시켜 나갔거든.

너희들은 완벽하게 숨어 있다가 생각지도 못할 만큼 빠르게 모습을 드러내는구나?

나의 목표는 숙주를 괴롭히는 게 아니고 내 유전자를 널리 퍼뜨리는 거야. 바이러스의 병원성이 높으면 감염자를 괴롭혀 일상생활을 하지 못하게 해. 하지만 이것은 결국 인간에게 타인과 접촉할 기회를 줄여서 나의 전파율을 낮추는 효과가 있어.

칫! 그걸 변명이라고 하는 거야?

정말이야. 그래서 요즘 대부분 바이러스는 치사율은 낮은 대신에 쉽게 전파가 되는 식으로 진화하고 있다고!

아, 알았다. 넌 숙주를 적당히 괴롭히면서 전파의 기회를 노리는 거구나.
맞아. 내 생존 전략이지. 치사율과 전염력의 반비례 관계라고나 할까!
너의 생존 전략에 맞서려면 인간은 어떻게 해야 해?
마스크를 쓰고, 손을 자주 씻는 것만으로도 바이러스 감염을 많이 예방할 수 있어.
어! 지금 네 손에 바이러스가 득실득실한데?
뭐라고? 나 잠깐 손 씻고 올게. 아까 놀이터에서 놀고 들어와서 손을 씻지 않았거든.
나도. 같이 가!

# 나는 겨울을 좋아해

뉴스에서 겨울이 되면 바이러스를 특히 더 조심하라고 하던데. 너는 겨울에 더 활발히 움직이나 봐?

난 온도와 습도가 높은 여름보다 겨울에 더 활발하게 움직여. 너희가 겨울철에 자주 걸리는 감기 바이러스도 5 ℃ 이하의 낮은 온도와 20～30 %의 습도를 가진 건조한 환경에서 가장 활발해.

그래서 내가 겨울에 감기에 자주 걸렸구나!

여기서 퀴즈를 하나 낼게. 왜 우리는 낮은 온도, 건조한 환경에서 더 활발히 움직일까? 조금 전에 이야기한 나의 전파 방법과 관련이 있어.

비말?

정답이야. 이제 바이러스 전문가 같은걸? 그럼 왜 그런지 알아?

하하. 당연히 모르지. 그냥 찍었어.

여름같이 습도가 높은 환경에서는 바이러스가 공기 중의 물과 결합해서 큰 물방울인 비말이 잘 생겨.

내가 살기 좋은 환경은?
온도가 40℃일 때
습도 20%
습도가 20%이면
바이러스는 약 120시간
동안 살 수 있어.
습도 50%
습도가 50%일 때는
12시간,
습도 80%
80%일 때는 6시간
가량 살 수 있지.

비말 크기와 관계가 있나 보구나?

빙고! 비말이 크면 무게가 무거워져 바닥으로 빨리 떨어져. 그러면 바이러스 전파가 어려워지거든.

하하. 이제 알겠어! 겨울에는 건조해서 공기 중에 수분이 적으니까 비말도 작아지잖아. 가벼워진 비말은 공기 중에 더 오래 머물기 때문에 감염될 가능성도 더 높아지고. 맞지?

오, 대단한 걸! 온도와 습도 말고 또 하나 중요한 조건이 있어.

나 알 것 같아. 겨울에는 추워서 문도 다 닫고 좁은 실내에서 생활하잖아. 엄마가 좁은 곳에 있으면 바이러스에 더 쉽게 감염된다고 알려 주셨거든.

너희 둘 다 이제 바이러스 전문가라고 인정해 줄게. 좁은 실내 공간에서는 다른 사람과 신체 접촉이 많아질 수밖에 없어서 바이러스가 퍼지기 쉬운 환경이 만들어져. 그래서 겨울에도 자주 창문을 열어서 환기를 시켜 주는 것이 좋아.

아! 지금 이러고 있을 때가 아니야. 빨리 밖에 나가서 놀아야 해. 춥다고 실내에서만 지내기보다는 바깥에 나가서 햇볕도 쬐고, 활기차게 생활하는 게 중요한 거잖아!

모처럼 내 맘에 쏙 드는
답변이야.
네 말을 들으니 오늘은 무조건
나가서 놀아야겠어.
바이러스와 가까이 있을 수는
없잖아! 하하!
또 당했다!

뿅
뿅!

# 3

# 나는  변신할 수 있어

# 나도 원래는 착했다고!

나도 인간과 좋은 관계로만 있고 싶은데!
갑자기 친한 척은!
내가 언제부터 인간에게 위협적으로 변했을까?
넌 인간에게 늘 위협적이었잖아.
내 사연을 알면, 너도 날 이해하게 될 거야.
쳇! 그럴리가!
벌떡!
우리가 인간에게 위협적인 존재가 될 수밖에 없었던 것은 너희 인간 때문이야.
우리 인간 때문이라고?
우리가 초대한 것도 아니고 네가 인간에게 들어온 거잖아!
맞아! 이제라도 인간의 몸속에서 모두 나가!
정말 억울해. 나는 착하게 살고 싶었다고!

나와 같은 바이러스는 우리 마음과는 다르게 위협적인 존재가 되어 버렸어.

뭐야! 뭔가 억울한 게 있나 본데?

또 인간 때문이라고 말하려는 거야?

600만 년 전, 인간과 침팬지가 하나의 공통 조상에서 나누어지기 전부터 인간은 이미 나의 서식처였어. 그 시절 밀림 지역에는 유인원을 비롯하여 사자, 코끼리 등 다양한 동물들이 살고 있었지. 우리 바이러스들은 자신에게 맞는 숙주를 찾아서 정착하는데, 가끔은 비슷한 종의 동물로 옮겨다니기도 했어.

너희도 욕심이 많았구나? 너희 영역을 더 넓히고 싶어서 그랬던 거잖아?

그렇게 볼 수도 있지만, 난 옮겨다니는 걸 좋아하지는 않아. 난 동물에서 동물로, 그것도 비슷한 종으로 이사를 가듯 아주 가끔 옮겨다녔을 뿐이니까.

지금 코로나 바이러스는 전 세계 사람들을 옮겨다니며 영역을 넓혀가고 있잖아. 그때와 뭐가 다른 거야?

옛날에는 인간이 가축을 키우기에 좋은 곳으로 옮겨다니는 유목 생활을 했어. 그래서 많은 인간들이 함께 모여 살지 않았지. 그때는 내게도 동물과 인간, 인간과 인간 사이를 옮겨다니는 건 번거롭고 어려운 일이었어.

그 시절에는 바이러스가 인간에게 큰 위협을 주는 존재는 아니었어. 건강 상태가 좋지 않을 때 질병으로 나타나는 정도였지. 예를 들면, 헤르페스 바이러스는 늘 인간의 몸 안에 있다가 바이러스와 싸울 힘이 없어질 만큼 몸 상태가 나빠지면 모습을 드러냈어. 인간의 입 주변에 물집이 생겨 몸 상태가 나빠진 것을 알려 주는 식이었지. 그러면 인간은 휴식을 취하면서 몸을 회복해서 나를 이겨 냈어.

우리가 더 크게 아프기 전에, 바이러스 네가 좀 쉬어야 한다고 알려 주는 역할을 했구나? 그 정도면 인간에게 좋은 친구라고 할 수 있겠는데? 언제부터 인간과 사이가 안 좋아진 거야?

1만 년에서 2만 년 전쯤?

그때부터 인간은 농사를 짓기 시작하면서 무리를 이루어 한곳에 정착해서 살기 시작했어. 또 야생동물을 잡아 길들여서 함께 생활하기 시작했지. 소와 말, 개, 닭, 거위 등을 기르면서 먹을거리를 스스로 생산하기 시작한 거야.

아! 이제 알겠어. 인간들이 모여 살기 시작하면서 너도 쉽게 숙주를 옮길 수 있게 되었구나?

맞아. 인간이 한곳에 정착하면서 인구가 크게 늘어났고, 자연스레 인간과 인간, 인간과 동물의 접촉이 많아졌어. 그때부터 야생동물 속에 있던 내가 인간에게로, 또 인간 몸속에 있던 내가 다른 인간에게로 옮겨가기에 아주 좋은 환경이 만들어진 거야.

넌 밀폐된 공간에 있으면 더 활발히 움직일 수 있는데, 그런 환경이 만들어진 거네?

응. 내 친구들이 모이기에 딱 좋은 환경이 된 거지.

너랑 나도 좀 떨어져 앉을까? 우리가 서로 좋은 친구로 남으려면 어느 정도 거리를 유지해야 하잖아!

나도 인간에게서 멀리 떨어져 조용히 살고 싶다고!

그럼 네가 원하는 곳으로 가서 조용히 살면 되잖아?

인간이 바꾼 지구 환경 때문에 내가 살 곳을 잃어버렸단 말이야.

그게 무슨 말이야?

나와 내 친구들이 5만 종이나 되는 척추 동물에 살고 있다고 말한 거 기억하지? 그중에서도 우리는 야생동물, 특히 박쥐에 많이 살아.

왜 특별히 박쥐야?

지구상에서 박쥐의 수는 놀랄 만큼 많아. 포유류 전체의 25 %로, 무려 1,200여 종이나 되거든. 박쥐의 종류가 다양하고 수도 많아서 우리의 숙주가 될 확률도 높아. 게다가 박쥐는 수명이 길어서 우리가 오래 머물 수 있어.

오! 박쥐 수가 그렇게 많은 줄 몰랐어. 그런데 박쥐는 왜 너희들이 몸에 많이 들어가 있어도 아프지 않은 거야?

좋은 질문이야. 박쥐는 다른 동물보다 체온이 2도 내지 3도 높은데, 이것이 병원균에 맞서 싸우는 능력을 높였다고 해. 그래서 박쥐는 우리에게 감염되어도 아픈 증상을 겪지 않고 나를 조절하면서 함께 살 수 있는 거야.

와, 나도 박쥐의 능력을 닮고 싶다!

박쥐는 또 다른 능력도 있어. 포유류 중에서 유일하게 날 수 있어. 박쥐는 단체로 생활하면서 최대 1,300킬로미터까지 이동할 수 있어. 이렇게 멀리 비행하며 넓은 범위로 다녀서 바이러스를 쉽게 전파시킬 수 있는 거야.

넌 계속 박쥐에 붙어 살면 좋을 텐데 왜 박쥐 몸에서 나온 거야?
인간이 박쥐가 사는 삶의 터전을 침범했기 때문이지.
무슨 일이 있었던 거야?
실험
요리
벌목
너희 인간이 우리를 불러들인 거라고. 인간이 박쥐를 비롯해 동물들이 사는 숲의 나무를 베어내고, 박쥐를 먹이로도 이용하고, 또 연구하기 위해 잡아들이면서 박쥐의 생태계를 무너뜨린 거지.
휴! 그런 일이 있었구나.
우리가 대신 사과할게.

## 감염병, 나의 활약상

일어나면
깜짝 놀라겠지!
콕!
또 무슨 장난을
하려고?
으악! 이게 뭐야?
얼굴에 뭐가 잔뜩 생겨났어!
ㅋㅋㅋ
흑흑, 어떻게 해.
내가 잠든 동안 바이러스
네가 내 몸에 들어온 거지?
너 천연두에 걸린 것
같아. 예전에 인터넷에서
본 적이 있거든.
ㅋㅋ
천연두는
아니야! 어! 벌써
점이 한두 개
지워졌는데?
네가 내 얼굴에
점을 그린 거지?
너 가만 안 둬?
앗! 미안!
네가 손도 잘
안 씻길래 겁을
주려고 그랬지.
장난도 지나치면
안 좋은 거야!

천연두가 뭐야?

천연두는 너희 인간의 역사에 가장 많이 등장하는 감염병 중 하나야. 두 종류의 두창 바이러스가 원인이지. 옛날에는 어린이가 천연두에 걸리면, 두 명 중 한 명이 살아남지 못할 정도로 매우 두려운 감염병이었어. 천연두에 걸렸다가 무사히 살아남았어도 얼굴에 심한 흉터가 남았어.

천연두가 그렇게 무서운 거였어? 내가 장난이 좀 심했네!

불과 60여 년 전에도 한국에는 천연두에 걸린 사람이 많았어. 한국전쟁 기간에만 4만여 명이 천연두에 걸렸고, 1960년을 마지막으로 완전히 사라졌어. 그리고 1980년에 이르러 세계보건기구는 전 세계적으로 천연두가 완전히 사라졌다고 선언했지.

천연두 바이러스를 모두 없앤 거야?

응. 천연두 바이러스 백신의 역할이 컸어. 인류가 최초로 바이러스 감염병을 지구상에서 완전히 없애버린 거야.

백신만 개발하면 어떤 바이러스도 다 이길 수 있는 거네? 옛날에는 백신을 많이 만들지 못했던 거야?

너희 할머니, 할아버지 세대 때는 감염병을 예방할 수 있는 백신과 치료제가 많지 않았어.

게다가 지금보다 위생 환경도 좋지 않았어. 가난으로 굶주려서 인간의 영양 상태도 좋지 않았지. 그래서 병을 이겨 내는 게 더욱 힘들었어. 당시에는 감염병에 걸리면 병에 시달리다 죽을 수밖에 없었던 거야.

감염병이 무서운 거구나. 또 어떤 감염병이 있었어?

바이러스는 아니고 세균이 원인인 무서운 감염병도 많았어. 그 중에서도 유럽 인구의 3분의 1 정도인 2,500만 명에서 6,000만 명에 이르는 사람이 목숨을 잃은 흑사병이 무시무시했지.

유럽 인구의 3분의 1이 죽었다고? 흑사병은 뭐야?

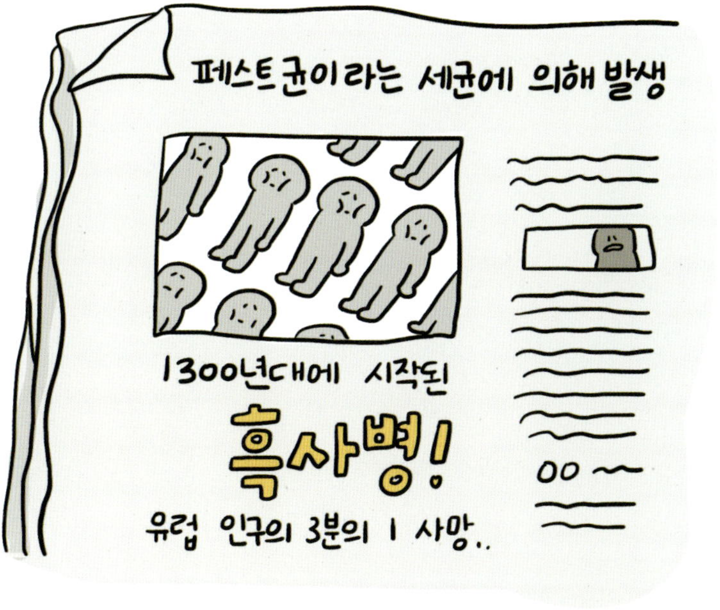

흑사병은 페스트균이라는 세균에 의해 발생한 감염병이야. 페스트균을 가진 벼룩이 인간을 물어 전파했는데, 나중에는 인간을 통해서도 전염되어서 희생자가 엄청 많았어. 이때 모든 외국 선박은 항구에 내리기 전에 40일 동안 환자가 발생하지 않아야 상륙을 허가받았다고 해.

코로나19로 외국에서 입국한 사람들과 감염자와 접촉한 사람들이 일정 기간 자가격리를 하는데, 그때 이미 자가격리를 실시한 거네?

맞아. 페스트의 잠복기가 길어야 10일 정도였기 때문에 40일 동안 환자가 발생하지 않으면 상륙을 허가했다고 해. 하지만 그때는 백신도 없고, 환경도 좋지 않아서 페스트 확산을 크게 막지는 못했다고 해.

바이러스가 감염병을 일으키는 일은 언제 끝날까?

바이러스와 인류의 싸움은 앞으로도 계속되지 않을까? 바이러스는 끝없이 변이를 일으키고, 더 강한 바이러스가 계속 나타나고 있어. 하지만 과학과 의학기술의 눈부신 발전으로 인류도 예방을 위해 최선을 다하고 있지.

역시 나는 운이 좋아. 과거 어느 때보다도 안전한 시대에 살고 있으니. 우선 몸을 더 튼튼하게 만들려면 더 많이 먹어야겠어. 오늘부터 난 폭식! 날 말리지 마!

# 독감은 감기가 아니야

너무 추워!
감기인가 봐.
감기일 수도 있고
독감일 수도 있지.
조금 아프면 감기,
아주 많이 아프면 독감
아니야?
아니, 아니.
도리 도리
감기와 독감은 완전히
다른 거야. 물론 둘 다 내가
원인이기는 해.
감기를 일으키는 바이러스는 아데노 바이러스,
리노 바이러스 등 200여 개가 있어.
그런데 독감은 인플루엔자 바이러스,
단 하나의 바이러스가 일으키지.
겨우
바이러스
하나라고?
인플루엔자 바이러스는 A, B, C형이 있어.
인플루엔자 바이러스는 감기 바이러스보다
변신하는 능력이 1,000배나 뛰어나!
그래서 수시로 변이 바이러스를 만들지.
헉!

난 가을에 독감 백신 주사를 맞았는데도 독감에 걸렸어. 왜 그런 거야?

독감 백신은 세계보건기구가 매년 새로운 인플루엔자 바이러스의 변이를 예측해서 만들어. 그런데 가끔 예측이 잘못되어서 백신을 맞아도 독감에 걸릴 수 있어.

내가 운이 안 좋았군. 그래도 난 독감은 안 무서워. 많이 아프긴 했지만… 약을 먹었더니 금방 나았거든.

백신이 발달하기 전에는 독감으로도 전 세계 많은 사람들이 사망했어.

독감으로 죽었다고?

1958년에 인플루엔자 바이러스가 일으킨 아시아 독감으로 전 세계에서 최소 200만 명 이상이 사망했어.

그렇게나 많이?

역사상 최악의 독감은 1918년에 시작된 스페인 독감이야. 제1차 세계 대전이 끝나기 직전에 프랑스에 주둔하던 미국 군대에서 처음 환자가 나타났지. 그 뒤 급속하게 번지면서 2년 동안 5,000만 명이 사망했어.

독감 예방 주사 안 맞겠다고 엄청 떼썼는데. 내년부터 난 무조건 독감 예방 주사 맞을 거야!

나도, 나도!

참, 요즘 뉴스에서 팬데믹이라는 말을 쓰던데, 그게 뭐야? 너와 관계가 있는 것 같던데?

오! 똑똑한데? 역시 내 아크 유전자 덕분이야. 하하!

네 덕분이 아니라 난 원래 뛰어난 유전자를 갖고 태어났다고!

팬데믹은 광범위한 영역에 걸쳐 퍼지는 감염병을 말해. 영어의 '팬(Pan)'이 전체라는 뜻이거든. 전 세계적으로 퍼지는 감염병으로, 감염병 최고 경고 등급에 해당하지. 2020년에 세계보건기구는 코로나19를 인류 역사상 세 번째 팬데믹으로 선포했어.

첫 번째 팬데믹은 언제 있었어?

첫 번째 팬데믹은 1968년에 발생한 홍콩 독감 때 선언되었어. 1968년에 처음 나타나서 1969년까지 계속되었지. 당시에 홍콩 독감으로 100만 명 이상이 사망했어.

두 번째 팬데믹은?

두 번째 팬데믹은 2009년에 멕시코에서 시작되어 전 세계로 퍼져 나간 신종 인플루엔자 때 선언되었어. 신종 인플루엔자는 A형 인플루엔자 바이러스가 변이를 일으켜 일어난 거야. 전 세계 214개 나라에서 발생하였고, 1만 8,500명이 사망했지.

에피데믹은 또 뭐야? 얼마 전부터 TV에 에피데믹이란 말이 많이 나오더라고.

에피데믹은 팬데믹처럼 대륙을 넘어 전 세계로 퍼져 나가고, 한 국가나 대륙에서 빠르게 확산되는 감염병 상황을 말해. 팬데믹 바로 전 단계에 해당하지. 코로나19도 처음에는 중국에서 시작되어 에피데믹을 선포했다가 몇 개월 뒤에 팬데믹으로 단계가 올라간 거야.

감염병이 얼마나 널리 퍼지느냐에 따라 단계가 구분되는구나? 펜데믹, 에피데믹 외에 다른 것도 있어?

응. 엔데믹 단계도 있어. 이것은 에피데믹보다 한 단계 아래야. 외부에서 감염되는 것이 아니고, 그 지역 안의 병원체가 옮기는 풍토성 감염병이 여기에 해당해.

눈에 보이지도 않는 바이러스가 전 세계를 무대로 삼고 있다는 게 놀라워!

너 요즘 밖에 나갔다 들어와서 손 잘 안 씻던데! 그럼 바이러스가 네게 들어갈 확률이 높아지는 건 알고 있지?

또 깜빡했어. 내가 지금 너랑 이야기할 때가 아니네. 빨리 손부터 씻고 와야겠어.

아휴, 손 씻는 걸 매번 이야기해 주어야 하다니!

지구
에취!
콜록
팬데믹
전세계
콜록
에피데믹
대륙
엔데믹
지역

## 코로나 바이러스의 등장

마스크가 너무 답답해. 우리 언제 마스크를 벗을 수 있을까?
코로나19 때문에 맘 놓고 놀지도 못하고 힘들어.
넌 코로나 바이러스와 잘 아는 사이야?
응! 얼마 전에도 만났어.
뭐, 만났다고? 지금 어디 있어? 당장 만나야겠어.
지금 코로나 바이러스를 만나는 건 위험해.
코로나19 때문에 학교도 못 가고, 모든 게 엉망이 되었어. 놀 때도 마스크를 써야 하고.
내가 다 없애 버릴 거야.
쉽지 않을 텐데. 코로나 바이러스는 엄청 변신을 잘 해서 요리조리 잘 빠져나가거든.
지금 인류의 과학기술을 얕보는 거야?

코로나 바이러스는 1937년에 닭에서 처음 발견되었어.

박쥐에서 발견된 게 아니고?

응. 닭에서 처음 발견된 뒤에 개, 돼지, 소 같은 동물에서 발견되었지. 인간에게서 처음 발견된 건 1960년대야.

코로나 바이러스도 종류가 많은 거야?

코로나19를 일으키는 바이러스 유전체를 분석하였더니, 사스를 일으킨 바이러스와는 77.9 %, 메르스를 일으킨 바이러스와는 50 %가 비슷하게 나왔어. 모두 코로나 바이러스 사촌들인 셈이지. 코로나19가 위협적인 이유는 동물에서 인간으로 바이러스가 옮겨왔기 때문이야. 게다가 코로나 바이러스는 계속 옮겨다니면서 새로운 모습으로 변신을 해서 인간이 바로바로 대응하기 어렵게 하지!

원래 기생했던 동물들에게만 있으면 괜찮은데, 인간에게 오면서 나쁘게 변하는 게 문제인 거네?

응. 코로나 바이러스를 비롯하여 많은 바이러스들이 점점 더 진화하고 있어. 수십 년마다 거의 모든 숙주에게 영향을 미칠 만한 형태로 변이하고 있지. 앞으로 제4의, 제5의 팬데믹이 오지 않을까?

으악! 안 돼! 코로나19 같은 상황을 또 겪을 수는 없어. 팬데믹을 막을 방법이 없을까?

21세기에 나타난 감염병들의 특징을 맞춰 볼래?
21세기에 나타난 감염병?
2003년 사스, 2009년 신종 인플루엔자, 2013년 에볼라, 2015년 메르스, 2019년 코로나19.
뭐가 이렇게 많아? 끊임없이 계속되었네!
혹시 감염병이 계속 점점 더 빨리 나타나는 게 특징이야?
어! 거의 정답에 가까워졌어.
맞아. 감염병의 발생 주기가 점점 짧아지고 있어.
으악! 내년에 또 다른 감염병이 생길 수도 있는 거야?
과학자들은 3~4년마다 신종 감염병이 나타날 것으로 예측하고 있어.
계속 모습을 바꿔야지!
뿅
뿅!
어떡해? 그냥 당할 수밖에 없는 거야?

코로나19를 비롯해 신종 감염병을 일으키는 바이러스는 모두 RNA 바이러스야. RNA 바이러스는 DNA 바이러스보다 변이가 1,000배나 더 잘 일어나. 신종 감염병이 진짜 무서운 이유는 바로 변이된 '새로운 바이러스가 일으키는 질병'이기 때문이야.

변이가 왜 무서운 거야?

바이러스가 매번 그 모습을 바꿔서 나타나는데, 인간은 새로운 바이러스를 물리칠 면역 능력이 부족해. 게다가 인간이 여기에 맞는 백신을 만드는 속도보다 바이러스의 변이 속도가 더 빨라서 인간이 점점 더 위험해지는 거야.

인류가 RNA 바이러스와 전쟁을 해야 하는 거네?

응. 세계보건기구와 미국 질병통제예방센터가 사망자 수를 기준으로 정한 세계 10대 감염병 중 8개가 RNA 바이러스야. 인류 기준에서는 적이 너무 많은 상황이지.

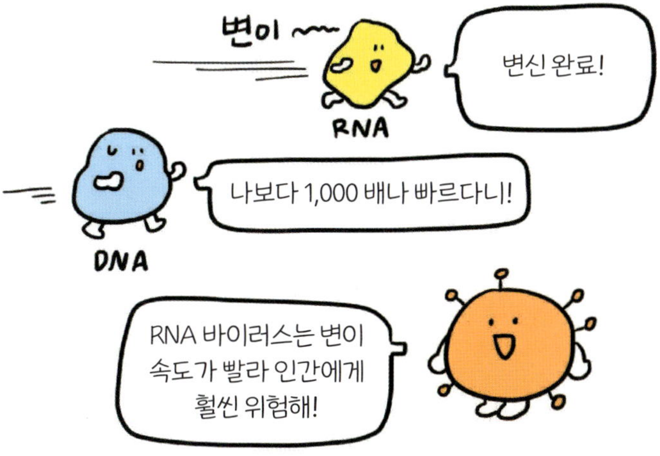

변이 바이러스를 미리 막을 방법은 없는 거야?

신종 바이러스가 인간에게 오게 된 원인에서 방법을 찾아야 하지 않을까?

어떤 원인?

원래 신종 바이러스는 열대 지역의 삼림에 사는 원숭이나 쥐, 박쥐 등에 주로 기생했어. 이 동물들은 깊은 숲속에서 조용히 살고 있었지. 인간이 농사를 짓기 위해 삼림을 파괴하고, 나무를 베어내기 전까지는 말이야.

이 모든 게 인간이 환경을 파괴하면서 시작된 일이네?

맞아. 삼림이 파괴되자 그곳에 살고 있던 동물들은 살 곳을 잃어버렸어. 하는 수 없이 인간이 사는 곳으로 점점 이동하게 되었지. 동물들에게 기생하던 바이러스와 함께 말이야. 그러면서 바이러스가 카멜레온 같이 변신해서 인간의 몸에도 들어가게 된 거야.

바이러스가 위협적인 존재가 된 것도, 코로나19와 같은 감염병이 계속 생겨나는 것도 다 우리 인간이 원인을 제공한 거네?

맞아. 동물을 평화롭게 살도록 놔두면 바이러스는 인간을 해치지 않아. 인간이 동물이 살던 곳을 빼앗은 대가를 톡톡히 치르고 있는 거지.

## 동물에서 인간으로, 공격 목표 전환!

바이러스는 어떻게 모습을 바꾸는 거야?

변이 바이러스는 바이러스 하나가 스스로 변하기도 하고, 두 종류의 바이러스가 섞여서 새로운 모습이 되기도 해. 2009년에 발생한 신종 인플루엔자는 닭, 사람, 돼지에 있던 바이러스 각각의 유전자가 섞여 새로운 바이러스로 다시 태어났어. 동물과 사람이 접촉하는 환경이라면 이런 재집합은 얼마든지 일어날 수 있어.

21세기에 발생한 신종 감염병의 75 %가 동물에서 인간에게 전염되는 특징을 가지고 있어. 바이러스가 공격 목표를 동물에서 인간으로 바꾼 거지. 이처럼 사람과 동물 사이에서 서로 전파되는 병원체에 따른 감염병을 인수공통감염병이라고 불러. 갈 곳을 잃은 바이러스가 살아남을 방법으로 새로운 숙주를 찾은 거야.

숙주를 옮긴 거구나.

응. 원래 있던 자연 숙주에서 다른 동물을 거쳐 인간에게 가는데, 이때 중간에 거치는 동물을 중간 숙주라고 해.

지금까지 중간 숙주에는 어떤 동물들이 있었어?

사스를 일으킨 바이러스는 중국 관박쥐가 자연 숙주, 흰코 사향 고양이가 중간 숙주였어.

신종 인플루엔자는?

신종 인플루엔자는 조금 복잡해. 인플루엔자 바이러스와 조류 독감 바이러스가 섞여서 새로운 조합의 바이러스를 만들어 돼지에게 감염시켰지. 그러고 나서 인간에게 넘어온 거야.

몇 단계나 거쳐서 사람에게 온 거네?

응. 또 메르스를 일으킨 바이러스는 이집트 무덤 박쥐에서 단봉 낙타를 거쳐 인간에게 왔어.

## 사스

## 신종 인플루엔자

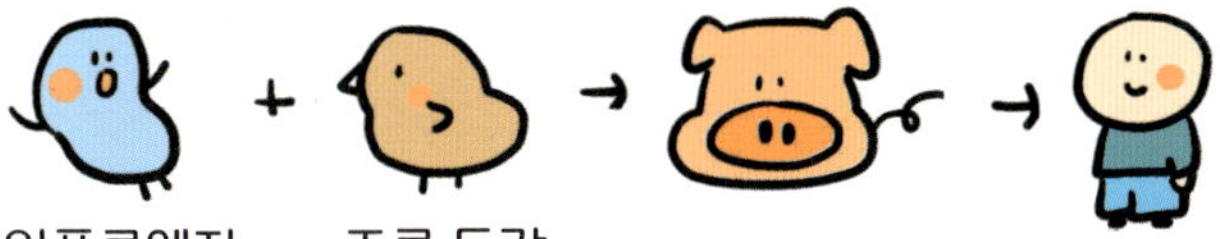


## 메르스

## 코로나 19

코로나19는 도대체 어떻게 인간에게 온 거야?

코로나19를 일으킨 코로나 바이러스는 아직 정확한 중간 숙주가 밝혀지지 않았어. 박쥐가 자연 숙주이고, 중국 우한 시장에서 보신용으로 먹은 천산갑이라는 동물을 통해 건너왔을 거라고 추측할 뿐이야.

예전보다 바이러스의 힘이 더 강해지고 있는 것 같아.

맞아. 동물에서 인간으로 바이러스가 옮겨오면서 인간에게 더 치명적인 위협이 되었어.

왜 그런 거야?

바이러스가 자연 숙주가 아닌 새로운 숙주에 정착하는 건 쉬운 일이 아니야. 더욱이 비슷한 동물도 아닌, 동물에서 인간으로 넘어가는 건 엄청나게 힘든 일이지.

생물 종의 장벽을 넘어왔다는 건 엄청난 일이구나!

응. 이 힘든 과정을 거치면서 바이러스는 점점 더 치명적인 힘을 갖게 되었어. 반면에 인간은 새로운 바이러스에 대한 백신을 갖고 있지 않은 상태였지. 그래서 대부분의 신종 바이러스는 전파 속도가 빠르고 치사율도 높아. 조류 독감은 치사율이 60 %, 메르스는 30~40 %, 에볼라는 50~70 %였어.

신종 바이러스는 다 치사율이 높은 거야?

그렇지는 않아. 신종 인플루엔자는 치사율이 낮은 대신 전파 속도가 엄청나게 빨랐어. 1년도 채 되지 않은 시간에 지구 한 바퀴를 돌아 세계 인구의 3분의 1을 감염시켰어. 코로나19도 치사율이 상대적으로 낮은 대신 전파 속도가 빨라. 결국 팬데믹으로 선포되어 전 세계 사람들의 이동이 꽉 막히기도 했지.

치사율이 높으면 전파력이 낮고, 치사율이 낮으면 전파력이 높구나?

맞아. 바이러스는 살아남으려고 새로운 숙주와 계속 타협을 해. 인간에게 기생하는 바이러스가 멸종하지 않을 수 있었던 건, 바이러스가 멸종하지 않으려고 스스로 난폭성을 줄이는 방향을 선택해 왔기 때문이야.

적당하게 숙주를 괴롭히면서 영역을 넓혀가는 것을 선택한 거네? 조금 온순하게 변해서 말이야.

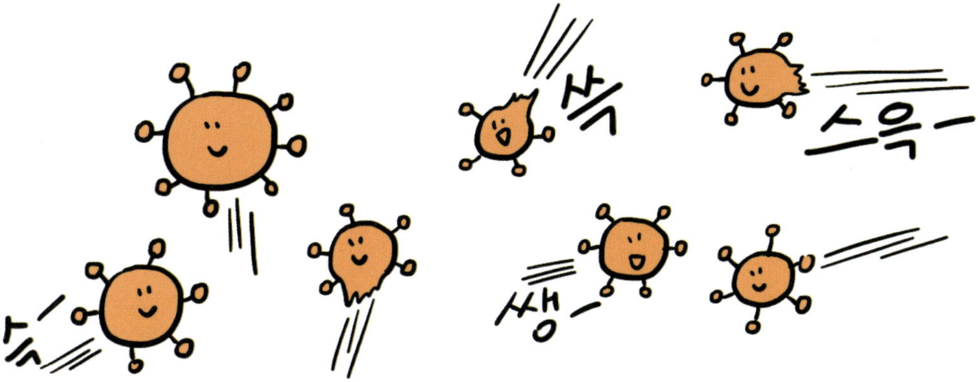

바이러스가 기생할 수 있는 숙주를 죽이면 우리도 더 이상 전파가 안 되니까, 숙주를 적당히 괴롭히면서 우리 영역을 넓혀나가는 것을 선택하는 거야! 아마 코로나19를 일으킨 바이러스도 오랫동안 살아남으려고 조금 순화되어서 늘 너희 곁에 있을 거야.

그럼 마스크도 계속 써야 하는 거야? 정말 싫은데…….

엔데믹 기억하지? 앞으로 코로나19는 풍토병이 될 확률이 높아. 너희 인간들은 독감 예방 주사처럼 해마다 코로나19 예방 주사를 맞아야 할 거야.

으악! 해마다 예방 주사를 맞아야 한다고? 난 주사가 정말 무서워!

과연 네가 앞으로 코로나19 예방 주사만 맞게 될까? 지금과 같은 상황이 계속되면 인간은 엄청난 종류의 예방 접종을 받아야 할 거야! 어쩌면 예방 접종만으로는 해결할 수 없는 수준에 이르게 될 수도 있어.

너! 지금 우리에게 악담하는 거야?

아니, 난 너희에게 부탁을 하는 거야. 제발 무분별한 삼림 파괴를 멈춰 줘. 박쥐가 살 곳도 지켜 주고. 인간과 동물이 서로의 삶의 터전을 배려하면서 적당한 거리를 유지하면, 코로나19와 같은 사태는 일어나지 않을 거야.

내가 살 곳이 없어졌군!
또 다른 동물에게로
옮겨가야겠어.
퍽!
ㅁㅁ 바이러스
+
ㅇㅇ 바이러스
+
ㅇㅇ 바이러스
백신
이렇게 많은
바이러스 주사를
맞아야 한다니!
마스크를 꼭꼭
잘 써야겠어!

# 4

# 인간과의 피할 수 없는 전쟁

## 나와의 전쟁에서 승리하는 인간이 지닌 힘, 면역력

난 겨울이 되면 감기에 자주 걸려!

겨울에 감기에 걸릴 확률이 더 높긴 하지만 겨울이 된다고 누구나 감기에 걸리는 것은 아니야. 한여름에 감기에 걸리는 친구도 있고, 일 년에 몇 번씩 감기에 걸리는 친구도 있어. 또 감기에 거의 걸리지 않는 친구도 있지.

그 이유가 뭐야? 엄마 말대로 내가 깨끗하게 손을 씻지 않아서 그런 거야?

손 씻기는 바이러스 감염을 예방하는 강력한 도구야. 코로나19 예방을 위해 손 씻기의 중요성이 많이 알려지면서 독감과 감기 환자가 많이 줄었지. 마스크를 잘 써서 바이러스의 공기 전염을 막은 것도 영향이 크고.

손 씻기를 잘 하지 않은 건 나도 인정해. 매일 나갔다 들어오면 손을 씻어야겠다고 생각하는데, 깜박 잊을 때가 있거든. 그래도 나는 겨울마다 마스크를 꼭 쓰고 다녔는데, 나만 자주 감기에 걸리더라고!

사람마다 바이러스에 대항하는 힘이 다르기 때문이야.

우와! 우리에게 바이러스에 대항하는 힘이 있는 거야?

응. 외부에서 병원체가 침투했을 때 여기에 대항하는 시스템이 있어. 이것을 바로 면역력이라고 해.

며칠 전에 내가 피곤하다고 하니까 엄마가 요즘 내 면역력이 떨어졌다며 걱정을 하시더라고. 면역력이 떨어지면 어떻게 되는 거야?

면역력이 떨어지면, 감기 바이러스나 다른 병원체가 네 몸 안에 쉽게 침투할 수 있게 돼. 그리고 그 상태에서는 바이러스와의 전쟁에서 이기기 힘들어.

바이러스와의 전쟁이라고?

응. 인간의 몸은 세균을 포함해서 외부에서 들어오는 병원체에 언제나 노출되어 있어. 하지만 노출되어 있다고 몸 안으로 나쁜 병원체들이 쉽게 들어올 수 있는 것은 아니야. 바이러스나 세균 같은 병원체가 들어오면 너희 몸도 병원체에 대항해 전쟁 준비를 시작하거든. 너희가 인식하지 못하는 사이에 면역 반응을 작동시키는 거지.

우와! 우리 몸에 그런 장치가 있다니 놀라워. 그런데 바이러스가 우리 몸에 들어와서 어떻게 바이러스를 물리치는 거야?

너희가 눈물을 흘리거나 눈을 깜박이고, 기침이나 재채기를 하는 것도 외부 병원체가 들어오는 것을 막아 주는 면역 행동이야. 바로 외부와 접하는 피부나 점막이 바이러스와의 1차 전쟁터이자 우리 몸의 1차 방어벽인 셈이지.

# 면역계 준비 완료

면역
물질
전투 준비!
침입 성공!
예!
바이러스

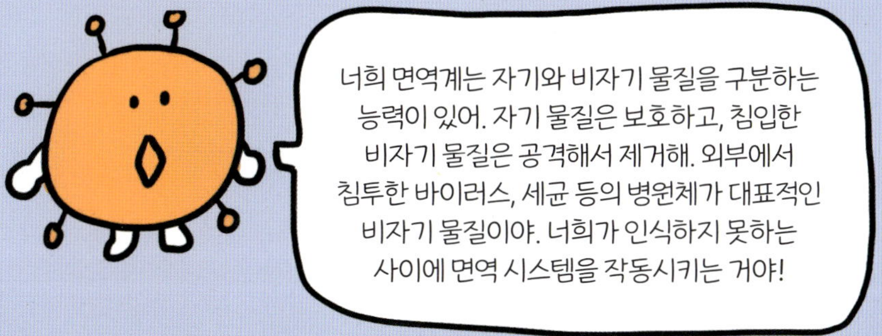
너희 면역계는 자기와 비자기 물질을 구분하는
능력이 있어. 자기 물질은 보호하고, 침입한
비자기 물질은 공격해서 제거해. 외부에서
침투한 바이러스, 세균 등의 병원체가 대표적인
비자기 물질이야. 너희가 인식하지 못하는
사이에 면역 시스템을 작동시키는 거야!

'지피지기 백전백승'이 무슨 말인지 알아?

췻! 내가 그것도 모를 줄 알았어? 너를 알고 나를 알면 백 번 싸워도 백 번 이긴다는 거잖아.

오, 제법인걸? 네 몸 안에 있는 면역 시스템의 뛰어난 기능이 바로 '지피지기 백전백승'이야. 너 자신과 외부에서 침입한 남을 구분해서 면역 시스템이 작동하는 거지.

우리 몸 안에 바이러스를 구분하는 무기가 있다고?

내가 너희 몸속 세포 안으로 들어가는 순간, 너희 몸은 바이러스와의 1차 전투, 1차 면역 반응을 시작해.

1차 면역 반응이 어떻게 이루어지는지 궁금해.

넌 감기에 걸리면 어떤 증상이 나타나?

기침하고, 열이 나고, 머리도 아프고, 심할 때는 온몸이 다 아파. 힘도 없고.

그 증상들이 바로 네 몸이 바이러스와 싸우고 있다는 신호야. 면역 반응이 시작되면 먼저 너희 몸속에서 인터페론이라는 바이러스에 대항하는 면역 물질을 내보내기 시작해. 또 대표적인 면역 세포인 백혈구를 감염된 조직에 대량 투입하기 시작하지.

인터페론? 백혈구? 무슨 말인지 이해하기 어려워.

모두 바이러스를 물리치는 너희 몸의 면역 물질이야.

# 1차 전투, 1차 면역 반응을 시작해 볼까?

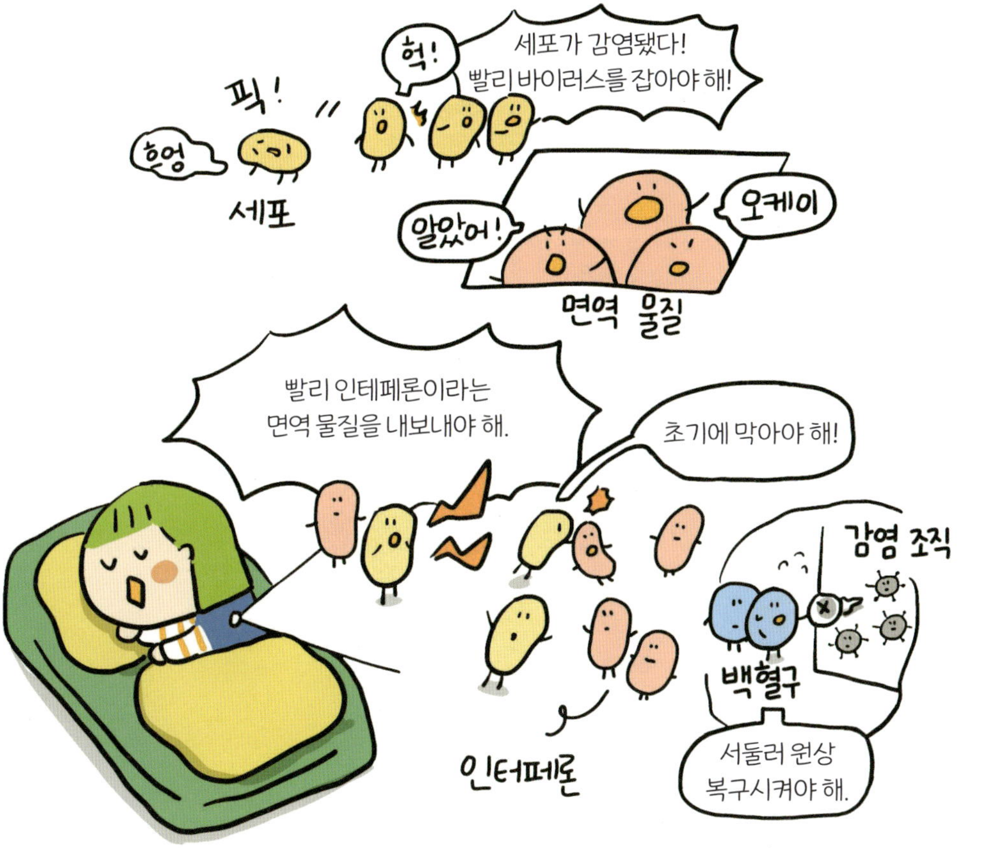

세포에 바이러스가 감염되면 세포가 스스로 '나쁜 놈을 우리 스스로 잡아보자.' 하는 마음으로 인터페론이라는 면역 물질과 백혈구를 뿜어내는 거야.

멋져!

인터페론이 뿜어져 나오면서 바이러스에 감염되지 않은 세포들한테 나의 침입 사실을 알려. '나 바이러스에 감염되었어. 너희들은 내가 내뿜는 인터페론을 맞고 바이러스에 감염되지 마.' 하고 소리치는 거야. 이어서 인터페론을 맞은 주변 세포들이 바로 바이러스에 대항하는 단백질을 만들어.

와! 신기해. 세포들끼리 스스로 '우리 집에 도둑이 들었으니 옆집 너희도 조심해!'라고 알려 주는 거잖아. 그럼 다 무찌를 수 있는 거야?

아니. 세포 스스로 바이러스에 대항하는 동안 경찰 세포가 출동해.

경찰 세포?

NK 세포라는 면역 세포가 있어. 자연살해세포라고 하는데, 이 세포가 경찰 역할을 해. 정상 세포는 죽이지 않고, 감염된 세포를 파괴하면서 바이러스를 함께 죽이는 각개 전투를 벌이는 거야.

우와! 인체는 정말 신비한 세계야.

맞아. 이게 바로 외부에서 나쁜 물질이 침입했을 때 너희 몸 안에서 재빠르게 일어나는 1차 면역 반응이야. 이것을 선천 면역 반응이라고 해.

1차 면역 반응으로 다 물리칠 수 있는 거야?

그렇지는 않아. 2차 면역 반응도 있어.

2차 면역 반응이라고?

1차 면역 반응은 바이러스가 침입한 후 12시간 안에 일어나서 1~4일 안에 이루어져. 그런데 1차 전투에서 바이러스를 무찌른 성과가 크지 않았다면 2차 전투, 즉 2차 면역 반응이 일어나게 돼. 2차 면역 반응은 좀 더 치밀하고 계획적이라고 할 수 있어.

와! 더 똑똑한 전술이 있구나?

1차 면역 반응이 무차별적으로 바이러스 주변을 공격했다면, 2차 면역 반응은 바이러스만 콕 찍어서 공격해. 바이러스 종류도 구분해서 공격하지.

바이러스는 엄청 작아서 나쁜 놈을 구별하기도 쉽지 않을 텐데, 종류까지 구별한다고?

응. 너희 몸 안에서는 1차 선천 면역 반응이 일어나는 기간 동안 2차 면역 반응 준비를 시작해. 먼저, 침입한 바이러스를 인식할 수 있는 항체를 분비하지. 항체는 박테리아나 바이러스 같은 항원에 결합해서 활동을 방해하고 제거하는 역할을 해.

항체는 원래 있는 거야?

항체는 면역 세포인 B 세포가 만들어. 항체가 바이러스를 도둑이라고 생각하고 활동을 못 하게 하는 거야.

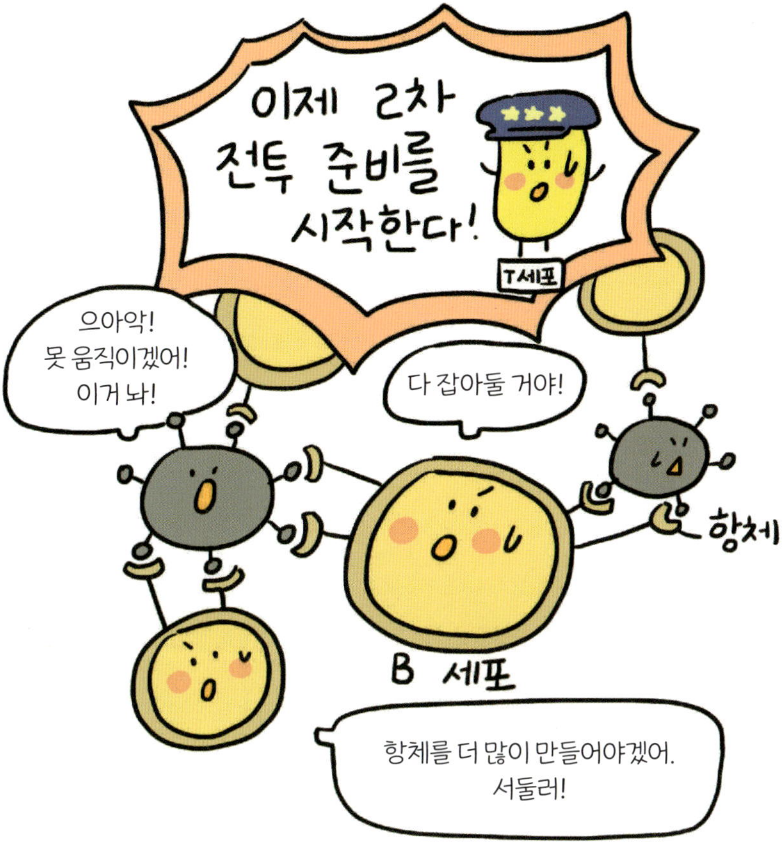


대박! 도둑 잡기 보드게임 같아! 탐정소설보다 더 재미있어.

항체도 단점이 있어. 항체 자체는 세포 안으로 들어갈 수 없거든. 그래서 바이러스가 새로운 세포를 찾아 침입하기 전까지 세포와 세포 사이를 돌아다니는 바이러스만 잡을 수 있어.

여기에서도 바이러스를 무찌르지 못하면 어떻게 해?

T 세포라는 좀 더 똑똑한 경찰이 나타나. T 세포는 세포 안에서 증식하고 있는 바이러스를 처리하는 역할을 해. 세포 밖에 있는 바이러스는 항체가 맡고, 세포 안에 있는 바이러스는 T 세포가 맡아서 처리하는 거야. 너희 몸 안에는 T 세포가 1,000억 개 정도 있고, 종류도 2,500만 개쯤 되거든.

우와! 강력하네.

이 활동을 2차 면역 반응 또는 적응 면역이라고 해. 2차 면역 반응은 목표한 바이러스만 선별적으로 파괴하는 만큼 매우 강력해. 또 T 세포는 기억 기능을 가지고 있어서 예전에 감염되었던 바이러스가 다시 침입하면 기억력을 되살려 치밀하게 표적을 공격하기 때문에 바이러스와의 전쟁에서 승리할 확률이 더 높아. 기억 기능이 없는 인터페론이나 NK 세포와는 다르지.

적응 면역은 자동으로 발생하는 거야?

선천 면역이 일어나는 동안 적응 면역을 깨우는 일을 하는 세포가 있어. 바로 수지상 세포야. 수지상 세포가 감염된 세포를 먹고 이동하면서 주변에 있는 B 세포와 T 세포에게 알려. '얘들아, 큰일났어!'라고.

그다음은 어떻게 돼?

수지상 세포가 잡아먹고 온 바이러스 조각들을 내놓으면 B 세포와 T 세포가 조각 난 세포를 보고 A 바이러스인지 B 바이러스인지 구별해. 그리고 거기에 맞는 항체를 만들어서 감염된 세포를 공격할 수 있도록 신호를 줘. 이 과정이 4~5일 정도 걸려.

우와, 생명체들은 그냥 살아 있는 게 아니구나! 정말 복잡한 시스템을 가지고 있어.

## 인간의 예방 무기, 백신

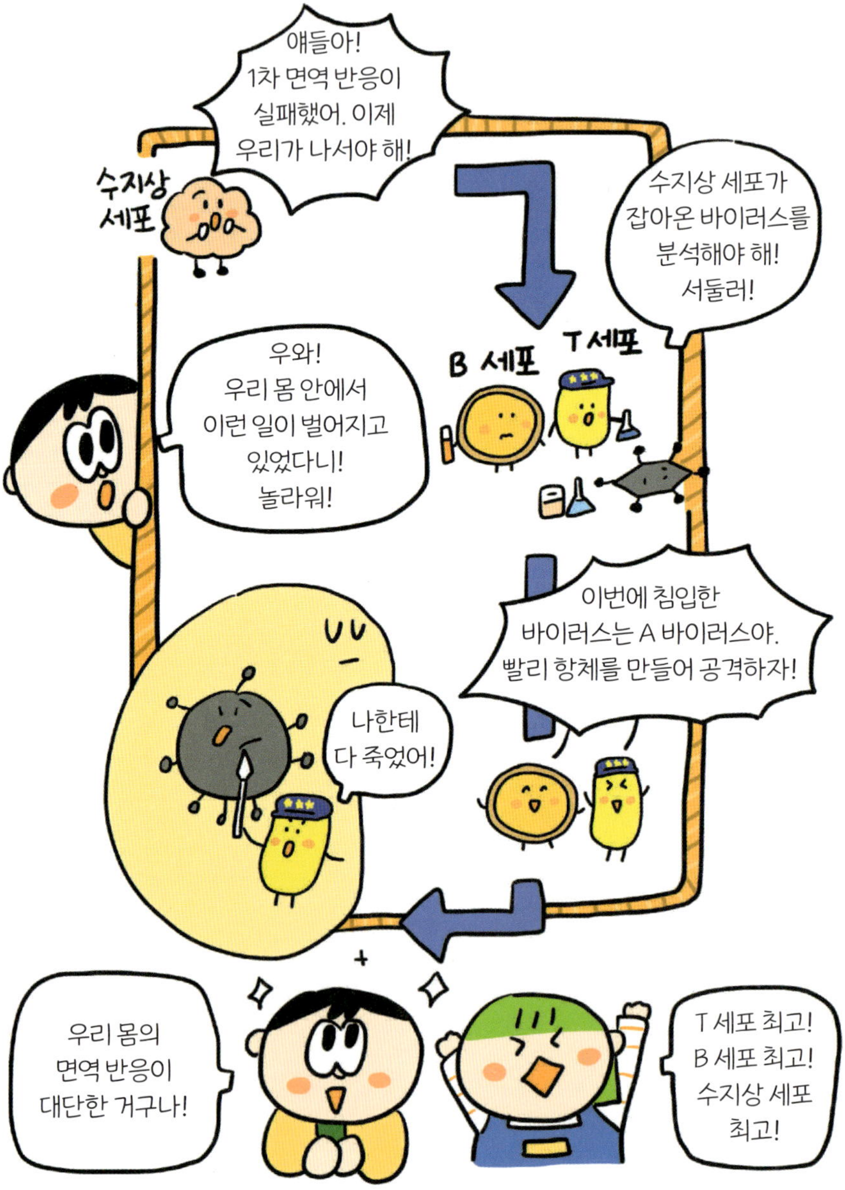

얘들아! 1차 면역 반응이 실패했어. 이제 우리가 나서야 해!
수지상 세포
수지상 세포가 잡아온 바이러스를 분석해야 해! 서둘러!
B 세포
T 세포
우와! 우리 몸 안에서 이런 일이 벌어지고 있었다니! 놀라워!
이번에 침입한 바이러스는 A 바이러스야. 빨리 항체를 만들어 공격하자!
나한테 다 죽었어!
우리 몸의 면역 반응이 대단한 거구나!
T 세포 최고! B 세포 최고! 수지상 세포 최고!

백신은 과거에 침입해 온 나를 적으로 생각하고, 그 특징을 기억하고 있어. 그래서 나중에 같은 적이 침입하면, 과거의 기억을 바탕으로 재빨리 항체를 만들어 대응할 수 있어.

우리 몸의 면역 기능이 그 역할을 하는 거야?

맞아. 바이러스가 침입하면 너희 몸에서 4~5일, 길게는 7일 정도 적응 면역 반응이 일어나. 면역 반응을 겪고 나면 너희 몸은 나중에 똑같은 바이러스가 침입했을 때 4~7일 걸렸던 면역 반응을 하루 만에 해치울 수 있어.

그래서 백신을 미리 맞아야 하는 거구나?

응. 그 바이러스에 대한 백신을 맞으면 너희 몸 안의 면역 기능이 작동하여 미리 항체를 만들어 놓기 때문에 짧게 아프거나 많이 아프지 않고 나을 수 있어.

내가 키우는 물고기들에게도 백신 주사를 맞게 하고 싶은데, 그건 안 되는 거야?

모든 동물이 선천 면역과 적응 면역 시스템을 가지고 있는 것은 아니야. 어류나 파충류 같은 동물은 선천 면역은 있지만 적응 면역이 없어서 경험했던 면역 반응을 기억하지 못해.

그럼 백신도 소용 없는 거네!

그렇지. 과거에 침입해 온 나를 적으로 생각하고 그 특징을 기억하고 있어야 하는데, 기억하지 못하니까.

적응 면역이 엄청 중요한 거구나.

과학자들은 어떻게 백신을 생각해 낸 거야?

1796년에 영국의 에드워드 제너라는 의사가 천연두 백신을 접종한 게 처음이야.

아! 그러고 보니 지난번 내 얼굴에 장난친 사건이 생각나네. 천연두에 걸린 줄 알고 깜짝 놀랐잖아.

맞아. 사인펜으로 그린 거지만 정말 비슷했어. 천연두는 온몸에 발진이 생겨 그 자국이 검게 남는 공포의 감염병이야. 제너는 바로 감염병의 원인을 찾기 시작했어. 당시 소는 천연두와 비슷한 증상을 일으키는 '우두'라는 병에 자주 걸렸어. 우두는 사람에게도 감염되는데, 증상은 가벼웠지. 그런데 젖을 짜는 일을 하는 여성 대부분은 천연두에 걸리지 않았어. 제너는 이것을 이상하게 여겼어.

그게 백신과 무슨 관계가 있는 거야?

제너는 우두에 걸린 여성의 고름을 어린 소년의 팔에 넣어 봤어. 그런데 살짝 붓기만 하고 큰 증상이 없었어. 몇 주가 지난 뒤 제너는 그 소년에게 천연두 환자의 고름을 넣었어. 어떻게 되었을까?

우두에 걸린 여성의 고름을 넣으면 확실히 예방할 수 있을 거야.
정말요? 저도 우두에 걸리지 않을까요?
오호! 살짝 붓기만 하고 괜찮은데요?
허허. 이제 천연두 환자의 고름을 넣어야겠군! 이게 천연두 바이러스로부터 너를 지켜줄 거란다.

무서운 천연두 바이러스를 일부러 아이 몸에 넣었다고? 어떻게 의사가 그럴 수 있어?

제너는 젖을 짜는 일을 하는 여성이 우두에 걸리지 않은 걸 보고 우두에 면역이 생겼다고 본 거야. 그래서 용기를 내어 천연두 고름을 넣은 거지.

소년은 별일 없었겠지?

당연하지. 천연두 환자의 고름 주사를 맞은 소년은 천연두에 걸리지 않았어. 소년의 몸이 우두 바이러스를 기억하고 있었던 거야. 그래서 후에 좀 더 센 천연두 바이러스가 침입했을 때 재빠르게 항체가 만들어지고 면역 반응이 일어날 수 있었던 거지.

다행히 결과는 좋았지만, 인체 실험을 한 거잖아. 요즘 같으면 상상도 할 수 없는 일이야.

그래! 하지만 제너의 모험적 실험과 발견으로 천연두 환자 수가 극적으로 감소했어. 지금은 인류가 정복한 유일한 바이러스이기도 하고. 이것이 백신을 개발할 수 있었던 첫걸음이 되었어.

요즘 같은 바이러스 세상에서는 제너가 아주 큰일을 한 거네?

맞아.

지금도 백신을 만들려면 바이러스에 감염된 사람의 바이러스를 일일이 넣어 주어야 하는 거야?

파스퇴르라는 과학자가 제너의 방법을 발전시켜서 백신을 많이 만들 수 있는 방법을 알아냈어. 세균이나 바이러스 같은 병원체를 인공적으로 많이 길러서 독성이 낮아지도록 만들었지. 그리고 그것을 백신으로 사용했어. 참, 백신이라는 이름은 암소를 나타내는 라틴어 '바카(vacca)'에서 유래했는데, 백신이라는 이름을 붙인 것도 파스퇴르야.

바이러스는 세포 안에서만 증식된다고 했잖아? 백신용 바이러스도 인간 몸 안에 넣어서 증식시키는 거야?

백신을 만들려면 바이러스를 세포 안에 넣어서 길러야 해. 하지만 인간의 몸속에 넣어 증식시키지는 않아.

그럼 백신은 어떻게 만드는 거야?

독감 백신의 경우는 유정란에 넣어서 인플루엔자 바이러스를 길러. 다른 백신은 대부분 바이러스를 세포에 주입해서 인공적으로 배양하고 증식하는 방법을 써. 이때 주로 동물 세포를 이용하지.

유정란은 우리가 먹는 계란과는 다른 거야?

응. 우리가 먹는 계란은 보통 병아리가 될 수 없는 무정란이야. 그런데 유정란은 수정된 알로, 병아리가 될 수 있는 알을 말해. 무정란은 세포가 증식하지 않아서 바이러스를 증식시킬 수 없어.

백신은 살아 있는 바이러스로만 만들겠네?

꼭 그렇지는 않아. 백신은 살아 있는 병원체를 이용하여 만들기도 하고, 죽은 병원체를 이용하여 만들기도 해.

죽은 병원체로도 만든다고? 살아 있는 병원체와 죽은 병원체를 이용하는 것은 어떤 차이가 있어?

응. 살아 있는 병원체를 이용하면 저렴하고 적은 양으로 강력한 면역 효과를 낼 수 있어. 하지만 살아 있는 병원체는 너희 몸속에서 실제 질병을 일으킬 위험이 있지. 죽은 병원체를 이용하면 부작용이 적고 감염병에 걸릴 위험은 줄어들어. 반면 면역 지속 시간이 짧은 게 단점이야.

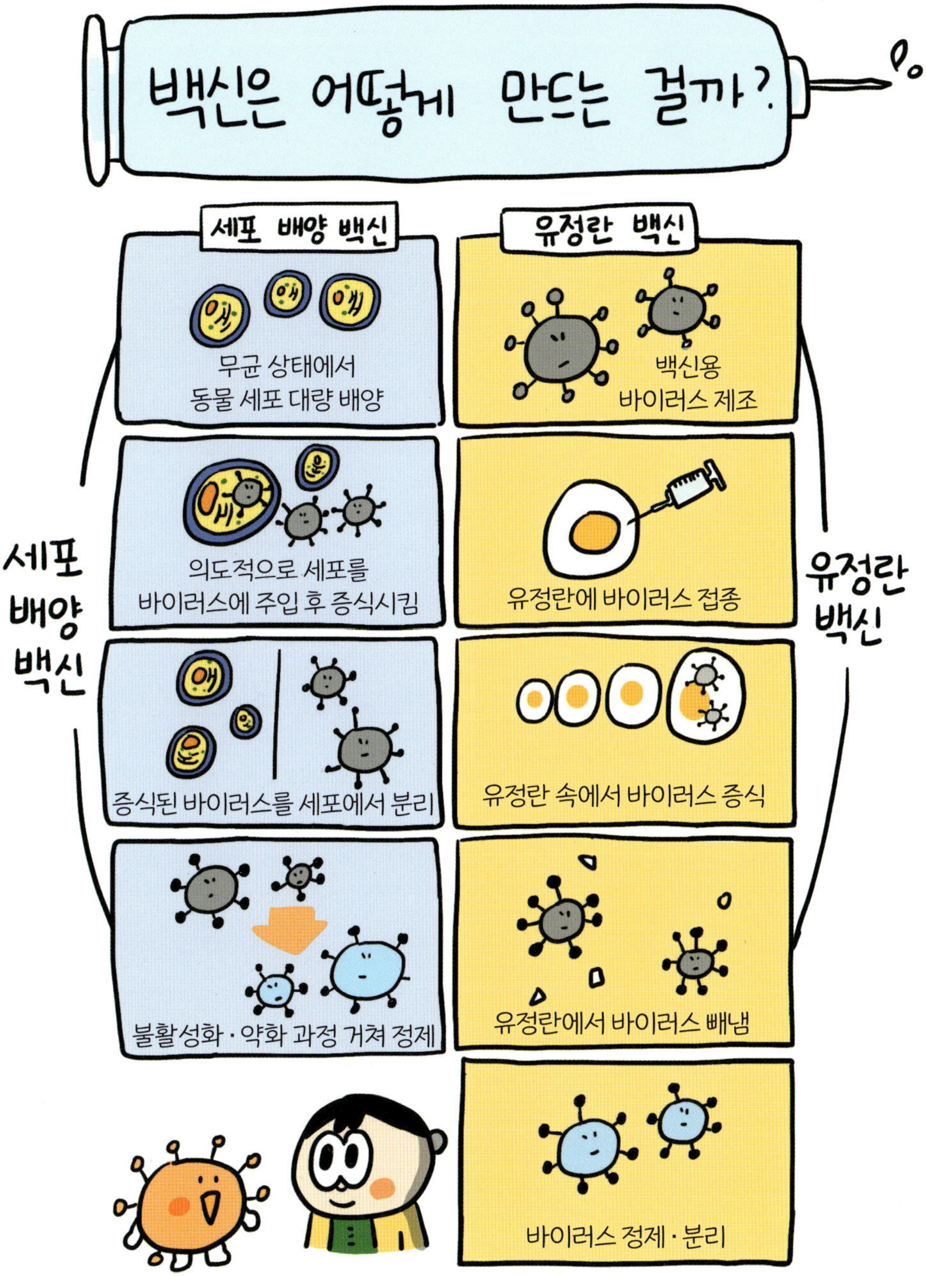
백신은 어떻게 만드는 걸까?
세포 배양 백신
무균 상태에서
동물 세포 대량 배양
의도적으로 세포를
바이러스에 주입 후 증식시킴
증식된 바이러스를 세포에서 분리
불활성화 · 약화 과정 거쳐 정제
유정란 백신
백신용
바이러스 제조
유정란에 바이러스 접종
유정란 속에서 바이러스 증식
유정란에서 바이러스 빼냄
바이러스 정제 · 분리

백신의 주요 목적은 바이러스가 세포와 결합하지 못하도록 막는 항체를 만드는 거야. 항체가 바이러스의 돌기 단백질에 붙어서 세포와 결합하지 못하게 하는 거지. 그래서 요즘 개발되는 백신은 대부분 돌기 단백질만을 만드는 형태야.

바이러스 자체를 넣어 주는 게 아니니까 조금은 안심이 되겠네?

응. 돌기 단백질을 만드는 방법도 여러 가지가 있어. 몸통을 제거한 돌기 단백질만을 넣어 주는 유전자 재조합 백신이 있고, 유전자가 없는 속 빈 껍데기로만 이루어진 유사 바이러스 백신도 있어.

코로나19 백신도 그렇게 만드는 거야?

코로나19 백신 역시 돌기 단백질이 목표야. 코로나19 백신은 돌기 단백질을 만들어서 넣어 주는 게 아니라 돌기 단백질을 만들 수 있는 유전자 정보, 즉 설계도를 넣어 줘. 그래서 코로나19 백신을 mRNA 백신이라고 불러.

으악, 점점 더 어려워지고 있어. 설계도는 또 뭐야?

단백질의 설계도인 RNA를 넣어 주어 인체 안에서 스스로 돌기를 만들도록 하는 거야.

우와! 스스로 돌기를 만들다니 대단하다.

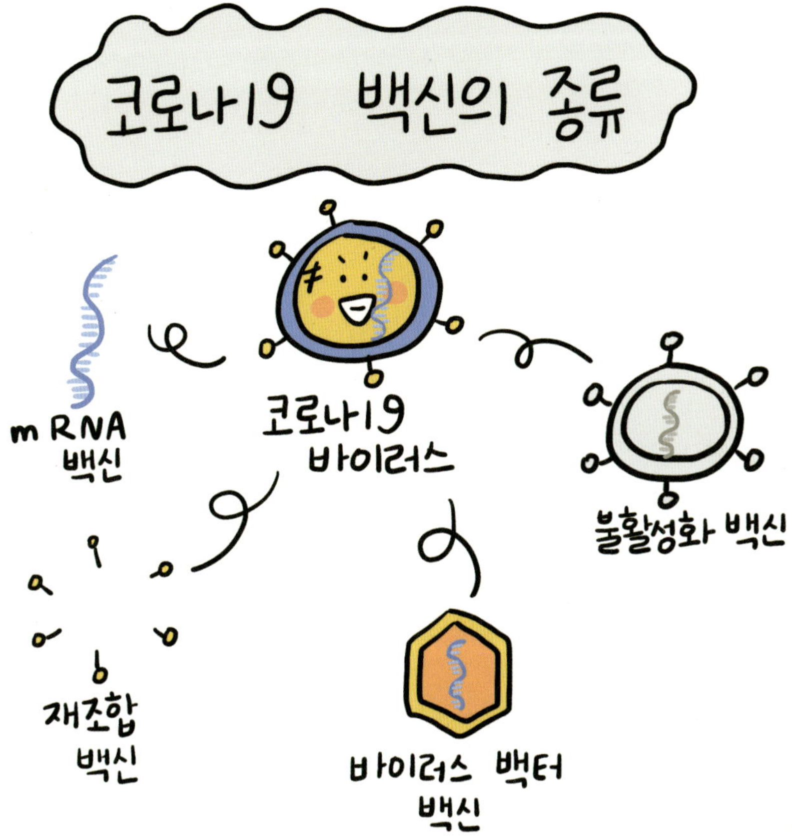


여기서 잠깐! 모든 바이러스의 백신을 만들 수 있는 것은 아니야. 특히 RNA 바이러스는 변이가 잘 일어나서 어떤 바이러스에 딱 맞는 항체를 개발했어도 이미 변이가 일어나면 백신이 쓸모 없어져. 요즘 백신 개발이 점점 어려워지는 것도 바이러스의 변이 때문이야.

## 인간의 공격 무기, 치료제

백신이 아직 만들어지지 않은 바이러스 감염병은 어떻게 예방하고 치료하는 거야?

백신 개발이 아직 안 된 대표적인 바이러스가 에이즈 바이러스야. 에이즈 바이러스는 면역 세포를 속이고 몸속에 오래 잠복해서 면역 세포의 공격을 피해. 아군으로 가장해서 살아남는 데 성공하는 거지.

목이 아프거나 기침 등을 해서 병원에 가면 항생제를 먹으라고 하는데, 항생제로는 치료할 수 없는 거야?

아! 항생제는 주로 세균에 효과가 있어. 바이러스를 치료하는 것은 항바이러스제라고 해. 에이즈 바이러스는 백신이 개발되지 않은 대신 여러 가지 항바이러스제가 개발되어 있지.

항생제와 항바이러스가 다르구나!

응. 항생제는 여러 세균에 다 효과가 있어. 하지만 바이러스는 세포 안에 침입해 사는 방법이 다 달라서 각각에 맞는 항바이러스제를 개발해야만 해.

그럼 먼저 어떤 바이러스에 감염되었는지 알아야겠네?

# 항바이러스제 작용 원리

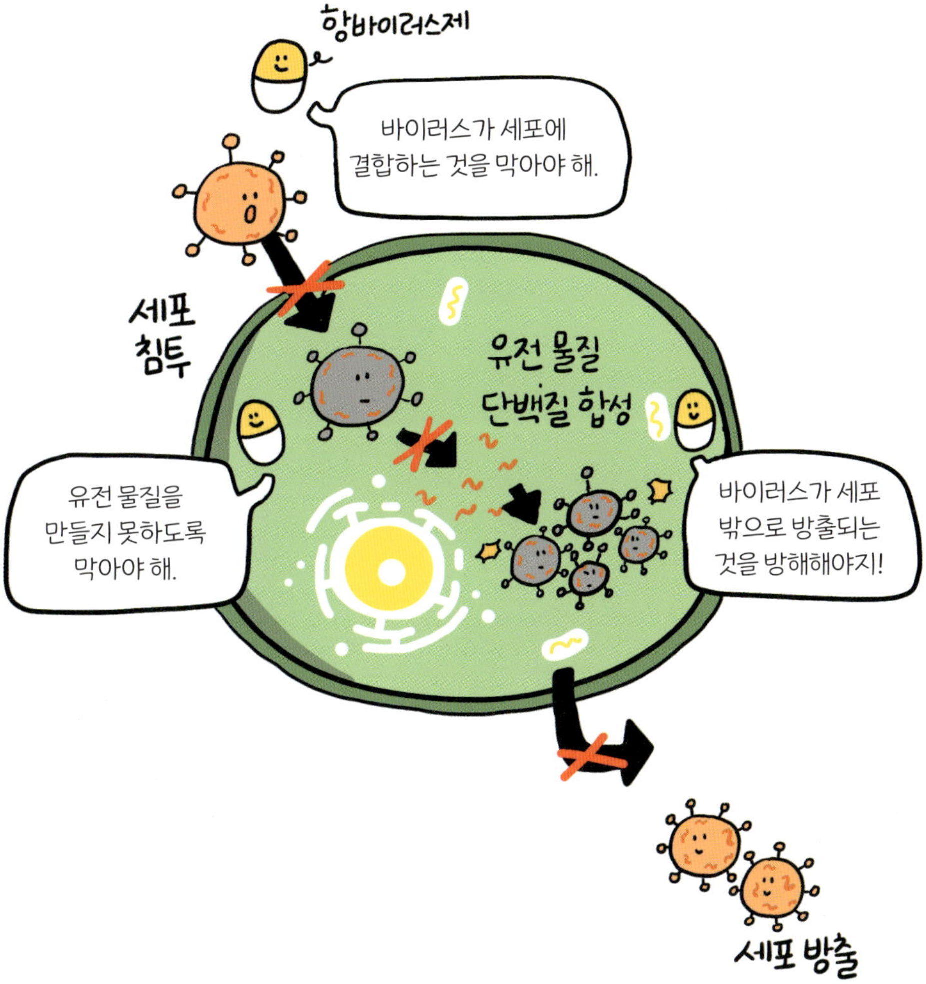
항바이러스제
바이러스가 세포에 결합하는 것을 막아야 해.
세포 침투
유전 물질 단백질 합성
유전 물질을 만들지 못하도록 막아야 해.
바이러스가 세포 밖으로 방출되는 것을 방해해야지!
세포 방출

맞아. 바이러스가 증식하는 과정을 알아야 거기에 맞는 항바이러스제를 개발할 수 있는 거야.

그래서 지피지기면 백전백승이라고 했구나!

적을 알아야 물리칠 수 있지. 항바이러스제는 약을 먹는 시기도 중요해. 독감에 걸렸을 때는 감염된 뒤 48시간 이내에 복용해야 해. 그렇지 않으면 바이러스가 이미 많이 퍼져서 항바이러스 치료제의 효과를 볼 수 없어.

항바이러스 치료제 외에는 방법이 없는 거야?

백신이나 치료제 개발이 되지 않았을 때 응급으로 사용되는 치료제도 있어. 바이러스에 감염되었다가 완치된 환자의 혈액을 이용한 치료제로, 항체 치료제라고 해. 완치 환자의 혈액 안에 바이러스를 죽이는 항체가 만들어졌다고 보고, 이것을 바이러스 감염 환자에게 넣어 주는 치료법이야. 그런데 이것도 항체를 이용한 치료법이기 때문에 바이러스가 변이를 일으키면 아무 쓸모가 없어.

바이러스와 인간의 전쟁은 끝이 없는 것 같아. 바이러스는 끊임없이 숙주를 찾아 영역을 넓히려고 하고, 또 모습을 자꾸 바꿔서 나타나고. 여기에 인간은 이에 맞서 미리 예방하고 치료할 수 있는 방법을 연구하고.

아! 힘겨운 싸움이야.

# 항체를 이용한 치료

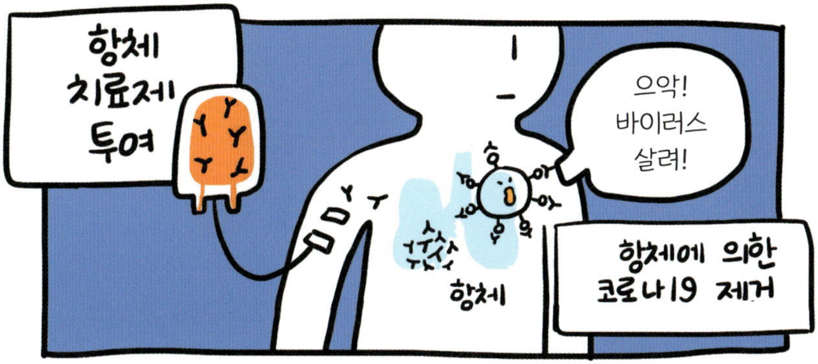
항체
치료제
투여
으악!
바이러스
살려!
항체
항체에 의한
코로나19 제거

드디어 바이러스를
물리쳤어!
차마 친구의 죽음을
볼 수 없어!

# 5

# 나를 최대한 방어해 봐

## 마스크는 과학!

마스크를 안 써도 되지 않을까?
나도 빨리 벗고 싶어.
이렇게 얇은데 바이러스를 막을 수 있을까?
조금 불편해도 마스크를 꼭 써야 바이러스 감염을 예방할 수 있어!
우리가 들어갈 틈이 전혀 없네.
왜 이렇게 힘이 없어?
마스크 때문에 우리들의 활동 범위가 많이 줄어들었어.
마스크가 그 정도로 너희를 막는 효과가 있는 거야?

너희 입장에서는 마스크를 쓰는 것이 엄청 불편한 일이었을 거야. 하지만 내 입장에서는 너희들이 마스크를 쓰는 바람에 나의 활동 범위가 많이 줄어들었어. 우리를 잠잠하게 만드는 가장 쉽고 큰 역할을 한 것이 마스크야.

마스크가 너희에게는 강력한 적이었구나?

맞아. 하지만 마스크를 코까지 올려 쓰지 않거나 느슨하게 써서 우리가 침입할 수 있는 기회를 주는 사람들도 많았어. 우리는 항상 그 틈을 노리고 있었지.

난 마스크를 얼굴에 밀착시켜서 잘 쓰고 있어. 참, 코로나19가 처음 발생했을 때는 마스크 전쟁이 일어날 정도로 마스크 구하기가 어려웠대. 요즘처럼 모든 것을 살 수 있는 시대에 마스크를 구하기 힘들었다니 상상이 안 돼.

내가 갑자기 나타나서 인간 세상을 혼란에 빠뜨리게 할 줄 몰랐던 거지. 하지만 인간들은 정말 대단해. 엄청 빠른 시간에 많은 종류의 마스크를 만들어 냈거든. 내가 얼마나 많은 마스크들에 돌진했다가 튕겨나왔는지 몰라.

우리 엄마는 마스크에 적힌 숫자가 중요하다며, 숫자를 보고 사 주시더라고. 왜 그런 거야?

필터는 해로운 물질을 차단하는 역할을 해. 마스크에 적힌 숫자는 바로 필터 구멍의 크기를 나타내는 거야.

내가 너희 눈에 보이지 않듯이 필터 구멍도 눈으로는 차이를 구별하기 어려워.

아! 마스크마다 구멍의 크기가 다른 거였구나.

나는 손도, 발도, 날개도 없어서 스스로는 이동할 수 없다고 했던 말 기억하지? 사실 나는 모든 마스크들의 구멍을 뚫고 너희 몸 안으로 들어갈 수 있어.

그럼, 우리가 마스크를 쓸 필요가 없는 거잖아!

그건 아니야. 우린 공기 중의 침방울인 비말 또는 에어로졸 형태로 떠다니는데, 그게 마스크 구멍을 통과할 수 없어. 마스크가 큰 장벽이 되는 거지.

마스크 구멍이 비말이나 에어로졸보다 작다는 거네?

맞아. 나를 둘러싼 침방울인 비말은 보통 5~10마이크로미터이고, 에어로졸은 5마이크로미터보다 작아. 인간들이 숨을 쉬거나 말을 할 때, 또 기침할 때 다양한 크기의 비말들이 세상 밖으로 나와. 기침할 때 비말은 대략 13.5마이크로미터, 말할 때 비말은 16마이크로미터 정도야.

5마이크로미터 구멍 크기를 가진 마스크라면 대부분 비말을 막을 수 있겠구나?

응. 일상생활에서 방역으로 가장 편하게 쓸 수 있는 비말 차단용 마스크의 구멍 크기가 5마이크로미터야.

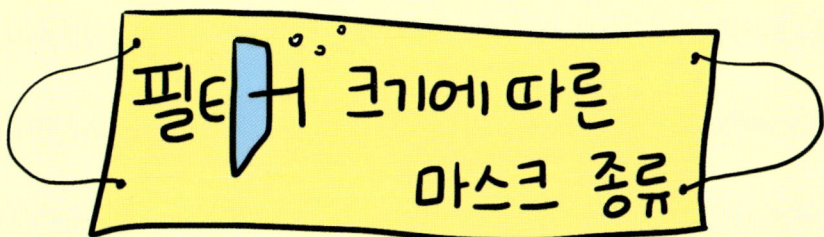

# 필터 크기에 따른 마스크 종류

**KF80**

코로나19 바이러스를 예방하기 위한
최소한의 등급으로 0.6마이크로미터 크기의
입자를 차단해서 바이러스의 80 %를 막아 줘!

**KF94**

0.4마이크로미터 크기의 입자를 차단해서
바이러스의 94 %를 막아 줘.

**KF99**

0.4마이크로미터 크기의 입자를 차단해서
바이러스의 99 %를 막아 줘.

에어로졸이 0.5마이크로미터보다 작으면 마스크를 뚫고 들어올 수 있는 거야?

응. 하지만 에어로졸 형태의 작은 입자도 막아 주는 마스크가 있어.

그럼 0.5마이크로미터보다 훨씬 더 작은 안전한 마스크만 만들고 그런 마스크를 쓰면 되겠네?

더 작게도 만들 수 있지만, 한계가 있어. 왜냐하면 너희들이 그런 마스크를 쓰면 숨 쉬기가 어려워지기 때문이야.

아! 그런 문제가 있구나. 그래서 내가 썼던 마스크마다 모양도 다르지만 숨 쉴 때 느낌도 달랐던 거구나?

맞아. 마스크를 쓰지 않으면 바이러스에 감염될 위험이 6배 정도 높아진다고 해. 마스크를 쓰는 것이 우리를 막을 수 있는 아주 효과적인 방법이지. 무엇보다 중요한 것은 올바르게 쓰는 거야.

알아. 마스크를 틈새 없이 코까지 잘 올려 써야 해.

또 명심할 게 있어. 마스크를 자꾸 손으로 만지면 안 되고, 끈을 이용해서 벗고, 벗은 후에는 꼭 손을 씻고, 일회용 마스크는 다시 사용하지 않는 것이 좋아. 뭐! 내 입장에서는 너희들이 올바르게 쓰지 않으면 좋지만. 너희들이 마스크를 잘 쓰면 내가 확산되는 것을 막는 것은 확실해.

# 올바른 마스크 착용법

1.

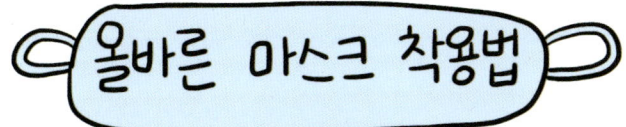

마스크 착용 전 비누로
30초 이상 손을 꼼꼼히 씻기

마스크는 최대한 얼굴에
밀착되게 착용하기

2.

코스크 NO
턱스크 NO

3.

착용 후 마스크 겉면을
손으로 만지지 않기

마스크 벗을 땐
마스크 끈을 잡고 벗기

4.

**마스크 벗고 난 뒤 꼭 손 씻기!**

## 나를 죽이는 천적, 비누와 손 세정제

마스크 쓰기만큼이나 나한테 치명적이었던 건 너희들이 열심히 손을 씻었다는 거야. 너희 손은 내가 영역을 넓힐 수 있는 가장 쉬운 전달체야. 모든 병원균의 집합체거든.

집에서도 학교에서도 올바른 손 씻기 방법에 대해 많이 배웠어. 나도 손 씻기 6단계를 아주 잘 실천하고 있어.

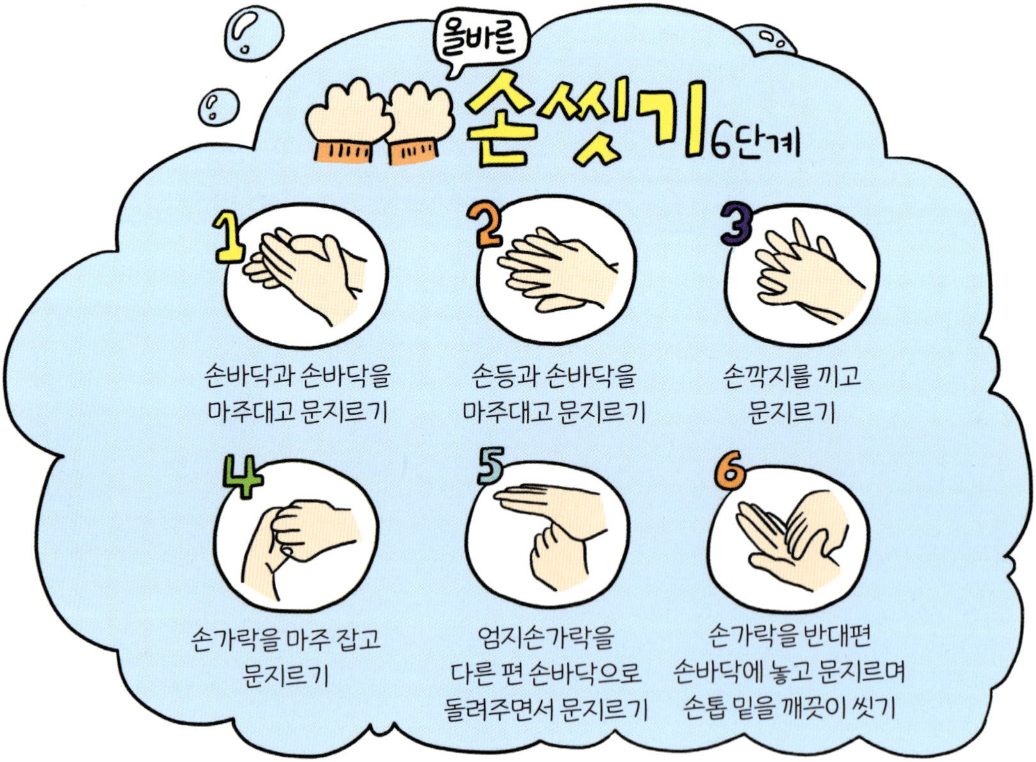

꼭 비누로 씻어야 하는 거야?

음…. 우리는 물로만 씻어도 씻겨 떠내려가기도 해. 하지만 물로만 씻으면 너희 손 틈새에 우리가 끼어서 어느 순간 너희 호흡기로 들어갈 수도 있어. 그런데 너희들이 비누를 써서 씻으면 우리는 죽음을 맞게 돼. 비누는 우리에게 강력한 힘을 발휘하거든.

오! 비누에 그런 힘이 있다니!

비누 성분은 막대사탕 모양을 하고 있어. 사탕 부분은 물을 좋아하고, 막대 부분은 기름을 좋아하는 특징이 있지. 비누의 기름을 좋아하는 부분은 기름 성분인 지질로 이루어진 나의 피막에 찰싹 달라붙어. 너희가 손을 씻을 때 비누의 물을 좋아하는 부분이 물에 붙어 끌려가면서 내 피막을 찢어 분리시키는 거야. 나의 피막에 구멍이 뚫려 내가 죽음을 맞게 되는 거지. 흑흑!

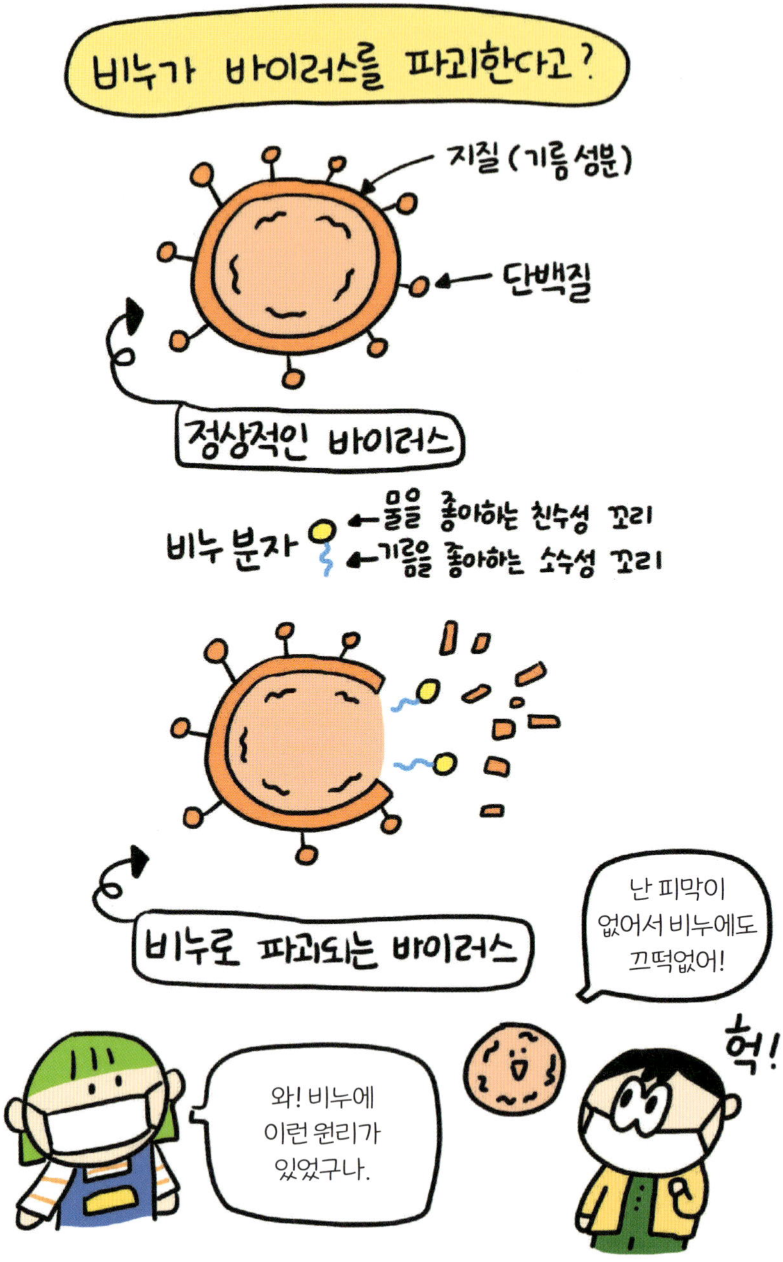
비누가 바이러스를 파괴한다고?
지질 (기름 성분)
단백질
정상적인 바이러스
비누 분자
물을 좋아하는 친수성 꼬리
기름을 좋아하는 소수성 꼬리
비누로 파괴되는 바이러스
난 피막이 없어서 비누에도 끄떡없어!
와! 비누에 이런 원리가 있었구나.
헉!

가끔 귀찮아서 물로만 씻을 때도 있었는데, 꼭 비누를 사용해서 씻어야겠어.

맞아. 그런데 우리가 모두 비누에 치명적인 것은 아니야. 비누는 지질로 이루어진 막으로 둘러싸인 바이러스에만 효과가 있어.

비누로도 안 되면 어떻게 해야 해? 그리고 손을 씻을 수 없는 상황일 때도 있잖아!

너희가 쓰는 손 세정제도 나에겐 치명적인 손상을 입혀. 옛날에는 병원에서만 주로 사용했는데, 요즘에는 집에서도, 식당에서도, 심지어는 엘리베이터에서도 손 세정제를 사용하더라고.

나도 가방에 넣어서 매일 가지고 다니면서 사용하고 있어.

내가 숙주를 찾아다니면서 잠시 공기 중에 쉬어가려고 해도 너희가 소독을 너무 잘해서 쉴 곳이 거의 없어지고 있어. 내겐 슬픈 일이야.

손 세정제도 비누와 같은 방법으로 너희들을 없애는 거야?

손 세정제는 비누와는 다른 방법으로 나를 없애. 손 세정제에 들어 있는 에탄올 성분이 나에겐 치명적이지.

에탄올?

음… 어른들이 주로 마시는 술과 같은 성분이야.

진짜? 그럼 술로 손 소독을 해도 되겠네?

좋은 질문이야. 하지만 술로는 소독이 안 돼. 사람들이 먹을 수 있는 술은 에탄올 성분이 낮거든.

얼마나 높아야 하는데?

80 % 정도는 되어야 해.

손 세정제도 바이러스 감염을 예방하는 데 큰 역할을 하는 거네?

응. 비누는 피막만을 파괴하는데, 손 세정제는 피막과 그 안에 있는 단백질 껍질과 유전 물질까지 다 파괴해. 원리는 조금 다르지만 결국 나를 죽이는 효과는 더 큰 거지.

에탄올 100 %면 바이러스를 한 방에 죽일 텐데, 왜 80 %인 손 세정제를 쓰는 거야?

네 말대로 100 %면 가장 좋다고 생각할 수 있어. 하지만 농도가 너무 높으면 피막을 순식간에 빠르게 응고시켜서 에탄올이 안쪽의 단백질 껍질까지 침투하지 못해. 너도 왜 그런지 금방 알 수 있을걸?

내가 안다고?

에탄올 80 %를 손에 뿌렸을 때와 100 %를 손에 뿌렸을 때 어느 것이 더 빨리 마르는지 비교해 봐. 액체가 기체가 되어 날아가는 성질을 휘발성이라고 하는데, 100 %는 휘발성이 강해서 뿌리자마자 말라 버려. 알코올 효과를 보기도 전에 손에서 흔적 없이 날아가 버리는 거지. 그래서 소독 효과가 좋은 에탄올 70~80 %인 세정제를 쓰는 거야.

농도가 높다고 다 좋은 건 아니구나! 과하면 부족한 것보다 못하다. '과유불급!'

오! 대단한데!

요즘 내가 한자 공부를 열심히 하고 있잖아. 하하!

더 알려 줄게. 손 세정제에는 글리세롤이라는 성분도 있어서 에탄올이 휘발될 때 피부의 수분이 날아가는 것을 보호해 주는 역할을 해.

손도 보호하면서 바이러스를 없애 준다니 대단해.

너는 비누와 손 세정제 중 어떤 게 더 무서워?

비누에 당하고, 물로 완전히 제거되는 손 씻기가 좀 더 무서워. 하지만 너희들이 30초 동안 손을 씻고, 그리고 손 세정제도 올바르게 사용한다면 나한테는 둘 다 무섭지.

## 수학으로 나를 잡을 수 있어

사회적 거리 두기 단계에 따라서 모임을 제한할 때도 확진자 수 통계를 바탕으로 감염 확산을 예측해서 하는 거야.

확진자 수가 많으면 단계를 높이고, 확진자 수가 줄어들면 단계를 낮추는 거 아니야?

현재 확진자 상황도 중요하지만, 그대로 두었을 때 앞으로 몇 명이 더 감염될 거라는 예측이 중요해. 내가 뻗어나갈 길목을 미리 막아서서 대응하기 위해서야.

몇 명이 감염될 거라는 것을 미리 예측할 수 있다고?

응. 수학으로 계산해서 유행을 예측하고, 사회적 거리 두기 단계를 결정하는 거야.

## 코로나19 예방

# 국민 행동 지침

불필요한 외출, 모임, 외식, 행사, 여행 등은 모두 연기 또는 취소하기

발열 또는 호흡기 증상 (기침, 인후통 등) 시 출근하지 않고 집에서 충분히 휴식하기

생필품 구매, 의료기관 방문, 출퇴근을 제외한 외출 자제하기

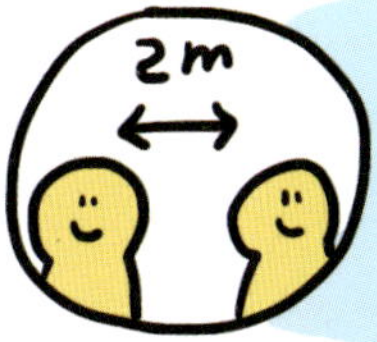


악수 등 신체 접촉 피하고 2미터 건강 거리 두기

손 씻기, 기침 예절 등 개인 위생 수칙 준수

매일 주변 환경을 소독하고 환기 시키기

너희 인간들은 코로나19 이전, 메르스를 겪을 때만 해도 백신의 개수, 감염된 환자 수, 회복한 사람 수, 환자와 접촉한 사람 수, 격리된 사람 수 등으로 감염 확산을 미리 예측했었어. 그런데 코로나19 때는 마스크 착용, 손 씻기, 사회적 거리 두기 같은 행동 변화가 중요한 요인으로 추가되었어.

우리가 취한 행동이 바이러스 예방에 도움이 되는 거네! 하하!

너희가 중요한 일을 하는 거야. 감염병 확산을 막기 위해서는 현재 닥친 상황을 해결하는 것도 중요하지만, 백신으로 예방하고, 미리 확산 상황을 예측해서 대비하는 것이 중요하거든.

백신 개발은 과학자가 하고, 감염병 예측은 수학자가 하고!

우리는 예방 수칙을 잘 지키고. 그치?

그렇지. 너희들이 바이러스 예방과 확산 방지에 아주 큰 역할을 하는 거야. 그런데 내가 설 자리가 자꾸 없어지는 이 슬픈 느낌은 뭘까?

네게 슬픈 느낌은 우리에게 기쁨을 주는걸!

맞아. 이 행복한 느낌은 뭘까? 하하!

$\frac{ds}{dt} = -B(t)\frac{1}{N}s$
바이러스 확산을 미리 예측해서 더 이상 전파되지 못하도록 대비해야지.
$\frac{dE}{dt} = B(t)\frac{1}{N}S - KE$
백신
모든 바이러스에 대항할 백신을 개발해야지.
예방 수칙 잘 지키기
손 씻기, 마스크 착용 잊지 마!

# 6

# 우리는 하나로 연결되어 있어

## 코로나19가 전하는 메시지

코로나19 때문에 좋아진 것도 많잖아?

뭐라고? 좋아진 게 있다니 그게 무슨 말이야. 매일 마스크를 써야 하고, 1년 동안 가족 여행도 가지 못했다고!

학교 안 가고 온라인 수업에 익숙해져서 좋다고 했잖아. 게다가 부모님도 재택근무를 많이 해서 가족과 같이 있는 시간도 크게 늘었고.

뭐, 그렇긴 하지.

하지만 우리가 누려왔던 일상을 못 하게 된 건 정말 슬픈 일이야.

불편하고 아픈 일들을 겪어서 기억이 좋지 않은 것은 이해해. 하지만 코로나19로 일상을 잃어버렸다고 생각하지 말고, 새로운 일상을 맞이했다고 생각하면 어때?

처음에는 온라인 수업이 어색하고 불편했는데, 네 말대로 이제는 온라인 수업이 더 편하고 좋아.

나도 부모님이 집에서 근무하니까 좋더라고. 배달 음식을 많이 먹은 것은 특히 좋았어. 하하!

맞아. 어른들은 재택근무를 하면서 출퇴근 시간을 줄일 수 있었어. 덕분에 가족들과 함께하는 시간도 많아졌지. 또 영상 수업, 화상 회의, 온라인 배달 서비스 등의 비대면 기술이 크게 발전하면서 생활이 편리해진 부분도 있어.

코로나19가 우리 생활을 편리하게 해 준 부분이 많은 건 인정해.

온라인 세상 속에서 인간들의 관계가 한층 더 촘촘해지고 단단해진 면도 있어. 또 코로나19 백신 개발은 과학기술을 앞당긴 좋은 결과라고 볼 수 있어. 보통 백신 개발은 10년 가까이 걸리는데, 코로나19 백신은 1년도 채 되지 않아 개발되었거든. 하지만 실망스러운 부분도 많아. 너희한테도 말이야!

우리? 우린 잘못한 게 없는데?

일회용 마스크를 포함해서 배달 음식, 택배 등을 많이 이용하면서 일회용 쓰레기가 두 배 가까이 늘었어. 일회용 폐마스크는 분해되는 데 450년이나 걸린다고! 아무렇게나 버려지는 폐마스크로 고통받는 동물들도 생겨났지.

그 부분까지는 미처 생각을 하지 못했어.

인간들은 코로나19를 극복하기 위해 많은 노력을 했지만, 또 다른 환경 문제를 일으켰다는 사실을 잊어서는 안 돼. 환경 오염은 결국 우리를 또 다른 힘센 바이러스로 변신하게 만들어 인간들을 괴롭히게 할 거야.

## 코로나로 달라진 세상 ②

앞으로는 바이러스가 더이상 우리 곁에 오지 않았으면 좋겠는데 방법이 없을까?

그건 인간에게 달렸어. 코로나19는 인간의 먼 미래를 안내해 주려고 세상에 나타난 거니까.

코로나19가 인간의 미래를 안내해 준다고?

코로나19는 갑자기 닥친 끔찍한 재난이 아니야. 우리는 사스, 신종플루, 메르스, 에볼라로 인간들에게 수없이 경고를 보냈어. 하지만 인간들은 듣고 싶어 하지 않았지. 설마설마하는 마음으로 그냥 넘기더라고. 그대로 지켜보다가는 너희 인간과 지구에 돌이킬 수 없는 일이 발생할 것 같았어. 그래서 코로나19라는 강력한 경고를 보낸 거야!

지구에 돌이킬 수 없는 일이라는 게 뭐야?

지구 환경이 이대로 계속되면 코로나19보다 더 강력한 바이러스가 올 수도 있어.

우리 인간들이 지구 환경을 파괴했기 때문이구나? 너희들이 숙주로 삼는 박쥐가 사는 숲의 나무도 인간들이 많이 없앴다고 했잖아.

맞아. 팬데믹 선언은 재난을 해결하는 것을 넘어서, 두 번 다시는 이런 재난이 닥치지 않게 준비해야 한다는 것을 온 인류가 깨닫게 하기 위한 거였어.

## 지구 환경과 바이러스

인간은 왜 너희의 경고를 계속 무시한 걸까?

내가 일으킨 팬데믹에 대부분의 인간들은 무지와 안이함으로 대응했어. 인간들이 무지하다는 것은 나에 대해 모른다는 것이 아니야.

그게 무슨 말이야?

너희에게 알려 주었듯이 난 이미 몇 번의 전염병을 통해 인간들에게 나타났어. 인간들은 내가 어떻게 살아가는지 다 알고 있어. 나의 싸움 전략까지 말이야. 무엇보다 내가 왜 인간 세상에 오게 되었는지도.

이제 우리가 어떻게 하면 되는 거야?

지구의 주인은 인간만이 아니야. 나도 주인이고, 동물, 식물도 주인이지. 그런데 인간들은 마치 지구가 자신들의 소유물인 것처럼 행동했어. 지금처럼 지구 온난화가 계속되고 환경 오염이 심각해지면 코로나19보다 더 위험한 상황이 올 수 있어.

난 지구 온난화는 남극의 펭귄과 북극의 북극곰에게만 해당되는 이야기인 줄 알았는데…….

인간들이 지구 온난화라고 느끼는 것은 여름에 점점 더워지고 겨울에 폭설이 내리고, 날씨가 점점 변덕스러워지고 있다는 것 정도야. 인간들은 그저 펭귄과 북극곰만 집을 잃어가고 있다고 생각하지? 하지만 지구를 이대로 방치하면 인간들마저 살 곳이 없어질 거야.

지구 온난화가 그렇게 심각한 줄 몰랐어.

지금도 지구의 온도는 점점 올라가고 있어. 지난 100년 동안 1.2~1.5 ℃나 올랐어.

겨우 1도 올랐다고?

겨우 1도가 아니야. 지구 표면의 온도가 1도만 올라도 폭염, 폭우, 가뭄, 혹한 등의 이상 기후 현상이 나타나.

유엔난민기구에서 발표한 자료에 따르면 2011년부터 10년 동안 이상 기후로 2억 명 이상이 돌아갈 고향을 잃었다고 해.

1도가 엄청난 변화를 가져온 거네?

맞아. 유엔은 지구 온난화로 높은 온도가 지속되면 2070년쯤에는 방글라데시와 인도 습지가 물에 잠겨 50여 만 마리의 벵갈호랑이가 멸종할 수 있다고 경고했어. 또 이상 기후로 다양한 생물이 사라지면 인간까지 이어지는 먹이사슬이 무너질 거야. 무엇보다 지구 온난화는 우리들의 활동 영역을 크게 확장시키는 데 도움이 될 거야.

뭐라고? 바이러스의 영역이 더 커진다는 거야?

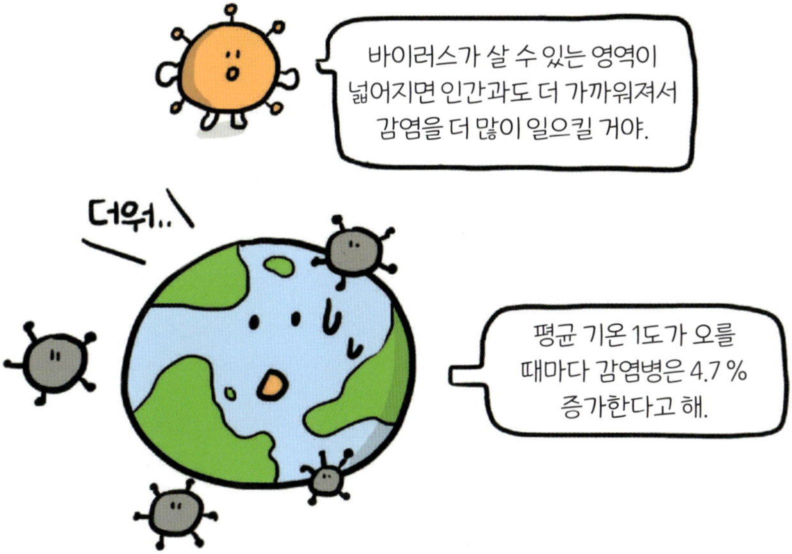

지구 온난화로 우리들의 자연 숙주인 열대 동물, 박쥐들이 살 수 있는 환경이 점점 넓어지고 있어. 최근 100년간 40종의 박쥐가 중국 남부와 근처 라오스, 미얀마 지역에 새롭게 나타났다는 연구 결과가 있어. 보통 박쥐 한 종당 2.7종의 코로나 바이러스를 몸에 품어. 이 말은 약 100여 종의 코로나 바이러스가 인간 곁에 더 가까이 왔다는 것을 뜻해. 기후 변화로 삶의 터전이 바뀌면서 일부 박쥐가 바이러스를 보유한 채 이동한 거야.

헉!

우리 바이러스 말고도 너희에게 치명적인 위협을 주는 동물이 있는데, 알아맞혀 볼래?

호랑이? 사자? 상어? 그런데 모두 쉽게 볼 수 없는 동물인데…….

크고 강한 맹수보다 더 무서운 살인범이 있어. 바로 날씬하고 잘록한 몸매에 투명한 날개, 바늘처럼 뾰족한 주둥이를 가진 2밀리그램밖에 되지 않는 동물이야.

뾰족한 주둥이라고? 벌? 모기?

바로 모기야. 지구가 따뜻해지면 쥐나 모기, 진드기 같은 동물의 수가 크게 늘어날 거야. 이 동물들이 무서운 건 주로 병원균을 옮기는 매개체라는 거야.

나는 모기에 물리면 가렵기만 하던데. 모기도 병원균을 옮기는 거야?

응. 모기가 옮기는 질병은 다양해. 그중에서도 모기가 원인이 되는 감염병인 말라리아로 전 세계에서 해마다 100만 명 이상의 사망자가 발생하고 있어. 지구의 온도가 올라가면 모기들이 살기에 더 좋은 환경이 되어서 그 수가 점점 늘어날 거야.

우리 주변에 흔한 모기가 무서운 감염병을 옮긴다니 충격이야.

그뿐이 아니야. 지구 온난화로 기후가 바뀌면 생물 다양성 감소로 감염병이 더욱 늘어날 거야.

생물 다양성은 뭐야?

생물 다양성이란 수백만여 종의 동식물과 미생물, 그들의 유전자, 그들의 환경을 구성하는 다양한 생태계 등을 모두 일컫는 말이야. 지구상에 존재하는 생명 전체라고 생각하면 돼.

지구 온난화가 생물 다양성에도 영향을 미치는 거야?

응. 지구의 평균 온도가 2 ℃만 올라가도 수십 년 안에 지구상에 있는 생물 100만 종, 약 12.5 %가 멸종한다고 해.

2도만 올라가도 생물에게 엄청난 피해를 주는구나?

응. 또 최근 들어 지구 온난화로 동물의 서식지가 파괴되는 것뿐만 아니라 인간들이 야생 동물을 마구잡이로 포획하고 있어. 그래서 생물 다양성이 더욱 급격하게 감소하고 있지.

생물 다양성 감소와 감염병은 어떤 관계가 있는 거야?

음, 하나 질문할게. 만약 코로나19가 박쥐 탓이라면, 박쥐를 없애면 안전할까?

네가 질문한 것으로 보니 아닐 것 같아. 그런데 이유는 모르겠어.

박쥐를 없애면 오히려 바이러스는 더 많이 전파될 거야. 박쥐는 꽃에서 꿀을 빨아 먹으면서 몸에 붙은 꽃가루를 퍼트려 식물이 수정하는 것을 도와. 또 감염병을 옮기는 모기와 같은 해충을 잡아먹기도 하지.

박쥐를 없애면 안 되는 거네?

박쥐를 없앤다고 바이러스 문제가 해결되지는 않아. 게다가 박쥐가 멸종하면 박쥐에 기생하던 바이러스는 새로 기생할 동물을 찾게 될 거야. 결국 생물 다양성이 감소하면 다른 종들 간에 마주칠 빈도가 높아져서 감염병 전파 확률이 높아지게 되는 거야.

생물 다양성은 감염병을 막아 주는 무기와도 같은 거구나!

그렇지. 과학자들은 또 다른 감염병을 막으려면 생물 다양성을 보호하고 복원하는 것이 가장 좋은 방법이라고 강조하고 있어.

인간의 편리를 위한 행동들이 지구 온난화와 생물 다양성 감소를 일으키고, 결국은 감염병으로 다시 인간에게 돌아와 고통을 주고……. 이거 뭔가, 도미노 같아!

맞아. 지구상에 생물들이 살아가는 생태계는 하나로 연결되어 있어. 어느 생명체 하나만 잘 살 수 없는 거지. 생태계의 건강에 인간과 동물의 건강이 달려 있다는 것을 알아야 해.

코로나19가 알려 준 게 바로 이거구나?

이제 코로나19 같은 감염병을 막으려면 뭘 해야 하는지 알겠지?

당연하지. 인간의 미래를 위해서는 우리 인간뿐만 아니라 동물들의 건강, 더 크게 생각하면 지구 전체가 건강해야 하는 거잖아. 우린 모두 도미노 같이 연결되어 있어서 동물의 건강이 무너지면 인간의 건강도 무너지고, 지구 생태계 전체가 무너지게 될 테니까.

역시 내 친구는 훌륭해.

# 우린 하나로 연결되어 있어

지구상에서 인간이 하는 최고의 갑질이 뭔지 알아?

갑질? 강한 자가 약한 자를 공격하는 거잖아.

바로 동물을 가두어 키우는 것이 지구상에서 인간이 하는 최고의 갑질이래. 갑질 덕에 감염병이라는 벌을 호되게 받고 있는 거지. 공장식 축산 농장은 인간에게 위협적인 인수공통감염병을 키우는 인큐베이터와 마찬가지거든.

그럼 고기도 먹으면 안 되는 거야?

건강하게 키우고, 건강하게 먹는 게 중요해. 조금 줄이면 더 좋고. 무엇보다 지구 온난화가 왜 일어나고 있는지 반성하고 고치는 것이 중요해. 바로 행동으로 옮기지 않으면 늦는 거야.

우리가 생활 속에서 쉽게 실천할 수 있는 게 있을까?

생활 속 실천 방법을 알려 줄게. 이것만 실천해도 너와 나, 우리, 지구 건강을 지킬 수 있어.
첫째, 야생동물과 접촉하지 않기.
둘째, 야생동물을 불법으로 데려오거나 키우고 유기하지 않기.
셋째, 에너지와 자원을 아끼기.

코로나19를 겪어 보니까 인간들이 바이러스 문제에 대응을 매우 잘한다는 걸 알게 되었어. 마스크도 잘 쓰고, 사회적 거리 두기도 잘 지키고, 과학자들은 빠른 시간에 백신을 개발하고.

당연하지. 인간들이 바이러스에 당하고 있지만은 않을 거야.

그런데 이런 것들은 당장의 감염병에 맞서 싸우는 거에 불과해. 앞으로 또 올지 모르는 감염병에 미리 대응하고 준비하는 게 무엇보다 중요하지.

두말하면 잔소리!

이제 나에 대해 제대로 알았으니까 나에게 가졌던 막연한 두려움과 무서움은 어느 정도 없어졌겠지?

어떻게 너에 대한 두려움과 무서움이 없어질 수 있겠어?

맞아, 그럴 수는 없지. 하지만 너와 많은 이야기를 나누고 나니 앞으로는 너는 너대로, 우리는 우리대로 잘살 수 있을 것 같아.

내가 원하는 게 바로 그거야. 나도 너희와 내가 질병이라는 아픈 관계로 만나기보다는 서로 공존하고, 각자의 위치에서 따로 또 같이 평화롭게 살아가기를 바랄 뿐이야.

따로 또 같이
평화롭게 살아가기
파이팅!!

사이다 4

**바이러스**

1판 1쇄 펴냄 | 2021년 10월 25일
1판 7쇄 펴냄 | 2024년 3월 15일

글 | 국립과천과학관 김선자
그림 | 김재희
발행인 | 김병준
편집 | 박유진·김경찬
마케팅 | 김유정·최은규
디자인 | 최초아
발행처 | 상상아카데미

등록 | 2010. 3. 11. 제313-2010-77호
주소 | 서울시 마포구 독막로6길 11, 우대빌딩 2, 3층
전화 | 02-6953-7790(편집), 02-6925-4188(영업)
팩스 | 02-6925-4182
전자우편 | main@sangsangaca.com
홈페이지 | http://sangsangaca.com

ISBN 979-11-85402-44-4 74400
979-11-85402-40-6 74400 (세트)

잘못 만들어진 책은 구입하신 서점에서 교환해 드립니다.